C.H.BECK WISSEN

in der Beck'schen Reihe

Die lange Lebensspanne Konrad Adenauers (1876–1967) umfasst das Deutsche Kaiserreich, die Weimarer Republik, das Dritte Reich und die ersten, formativen zwei Jahrzehnte der Bundesrepublik Deutschland. Knapp und anschaulich schildert Marie-Luise Recker das Leben Adenauers und seine wechselvolle politische Laufbahn von seinen rheinländischen Wurzeln über die Zeit als Oberbürgermeister der Stadt Köln und die politische Verfolgung unter der nationalsozialistischen Diktatur bis hin zum Mitbegründer der CDU, Gründungskanzler des westdeutschen Staates und weltweit geachteten Staatsmann. Die knappe Biographie bietet ein facettenreiches Porträt des ersten Regierungschefs der Bundesrepublik Deutschland, das seine politische Leistung ebenso analysiert wie seine herausragende Persönlichkeit.

Marie-Luise Recker ist Professorin für Neueste Geschichte an der Goethe-Universität Frankfurt am Main. In C. H. Beck Wissen erschien von ihr bereits eine «Geschichte der Bundesrepublik Deutschland» (³2009).

Marie-Luise Recker

KONRAD ADENAUER

Leben und Politik

Verlag C. H. Beck

Mit 12 Abbildungen

Originalausgabe

Satz: Fotosatz Amann, Aichstetten
Druck und Bindung: Druckerei C. H. Beck, Nördlingen
Umschlagentwurf: Uwe Göbel, München
Printed in Germany
ISBN 978 3 406 58783 2

www.beck.de

Inhalt

Prolog

Die Nachricht verbreitete sich wie ein Lauffeuer. Am Mittwoch, dem 19. April 1967, war Konrad Adenauer mit 91 Jahren in seinem Haus in Rhöndorf gestorben, «in tiefer Ruhe», wie das ärztliche Bulletin betonte. Die Glocken der nahen Kirche verkündeten den Tod des prominentesten Bürgers der kleinen Gemeinde am Fuße des Siebengebirges. Während die Flaggen in Bonn auf Halbmast sanken, gab Bundestagspräsident Eugen Gerstenmaier vor dem Bundeskabinett und dem Bundestag bekannt, dass das älteste Mitglied des Hauses, der frühere Präsident des Parlamentarischen Rates und langjährige Bundeskanzler der Bundesrepublik Deutschland verschieden sei, und sprach den Angehörigen seine Anteilnahme aus. Bundespräsident Heinrich Lübke ordnete «in Würdigung seiner überragenden Verdienste, die er sich um unser deutsches Volk und unseren Staat erworben hat», einen Staatsakt und ein Staatsbegräbnis an.

So wurde der ehemalige Kanzler am Samstag, dem 22. April, von Rhöndorf nach Bonn überführt. Der feierliche Zug nahm denselben Weg, den er in seiner Amtszeit als Regierungschef immer gewählt hatte. Eine Polizeieskorte führte den Trauerkondukt an, es folgte ein Fahrzeug des Bundesgrenzschutzes mit dem Eichensarg, bedeckt von der Dienstflagge des Bundes, dann der Mercedes 300, mit dem der Tote täglich ins Bundeshaus gefahren war, der Polizeiwagen mit seinen vier Leibwächtern, schließlich die Angehörigen. Die Kolonne fuhr von Rhöndorf nach Königswinter, setzte dort mit der Fähre nach Bad Godesberg über, um dann über die Koblenzer Straße, noch am selben Tag in Adenauer-Allee umbenannt, zum Bundeskanzleramt zu gelangen. Dort, im großen Kabinettssaal, wurde der Verstorbene für zwei Tage aufgebahrt, sodass die Bevölkerung von ihm Abschied nehmen konnte. Zehntausende defilierten am Sarg vorbei, von morgens bis tief in die Nacht. Auch die Fernsehübertragung der Trauerfeierlichkeiten verfolgten Millionen, ein Medienereignis ersten Ranges.

Der feierliche Staatsakt fand dann am Dienstag, dem 25. April, im Bundestag am Bonner Rheinufer statt. Nur einen der 518 Abgeordnetenstühle im Plenarsaal des Bundeshauses hatte man stehen lassen: Platz 9, Reihe 1, auf dem der zu Ehrende seit seinem Rücktritt als Regierungschef im Oktober 1963 bei Parlamentssitzungen gesessen hatte. Das übrige Gestühl war gegen 1200 schmalere Sitze ausgewechselt worden. Dort, wo Adenauer während der letzten dreieinhalb Jahre – meist schweigend – die Debatten verfolgt hatte, lag ein weißer Chrysanthemenstrauß. Rechts neben dem Pult saßen der amerikanische Präsident Lyndon B. Johnson, Bundespräsident Heinrich Lübke, der französische Staatschef Charles de Gaulle und Bundeskanzler Kurt Georg Kiesinger, links davon Bundestagspräsident Eugen Gerstenmaier und Angehörige des Toten, dazwischen der Präsident des Bundesverfassungsgerichts, Gebhard Müller.

Noch nie in seiner knapp 18-jährigen Geschichte hatte sich im Bonner Bundeshaus so viel politische Prominenz aus aller Welt versammelt wie in dieser Stunde: Drei Staatsoberhäupter, die Regierungschefs von 19 Staaten, 14 Außenminister, sämtliche Großen der europäischen Behörden waren gekommen, um dem nicht mehr amtierenden Senior unter den Staatsmännern des Westens die letzte Ehre zu erweisen. Auch viele politische Weggefährten des 91-Jährigen waren anwesend, darunter der greise erste israelische Ministerpräsident David Ben Gurion, der ehemalige englische Premierminister Harold Macmillan sowie die früheren Hohen Kommissare Lord Robertson und John McCloy. In seiner Trauerrede würdigte Bundespräsident Lübke den Altbundeskanzler als denjenigen, der «unseren Weg zurück in die Gemeinschaft der freien Völker vorgezeichnet» habe. Danach spielte das Orchester der Bonner Beethovenhalle die Nationalhymne.

Zwei Stunden nach dem Ende des Staatsakts in Bonn läuteten sämtliche Glocken Kölns das Pontifikalrequiem für den Verstorbenen ein. Zehntausende standen rings um den Dom, als die Trauergäste, von Bonn kommend, eintrafen. Die Trauermesse wurde von Josef Kardinal Frings zelebriert, auch er ein langjähriger Vertrauter des Toten. Vor dem Südportal des Doms hatten mittlerweile ein Bundeswehrmusikzug und Ehrenkompanien von Heer, Marine und Luftwaffe Aufstellung genommen. Um 15.10 Uhr öffneten sich die Kirchentore. Unter dumpfem Trommelwirbel wurden die Orden des Verstorbenen, zahllose Kränze und anschließend der Sarg durch ein von Soldaten gebildetes Spalier aus dem Dom zu den Fahrzeugen getragen, wenig später setzte sich der Trauerkondukt zum Rheinufer in Bewegung. Dort übernahm ein Schnellboot der Bundeswehr den Sarg. 18 Boote, darunter auch solche aus Großbritannien, Frankreich und den Niederlanden, gaben dem Toten das Geleit bei seiner letzten Reise nach Rhöndorf, begleitet von 91 Schuss Salut, für jedes Lebensjahr einer.

Diese Fahrt auf dem Rhein führte den Verstorbenen noch einmal vorbei an zentralen Stätten seines politischen Wirkens. Sie begann in seiner Vaterstadt, in der er zwei Drittel seines Lebens verbracht und der er 15 Jahre als Oberbürgermeister vorgestanden hatte, in der er geheiratet hatte und in der seine Kinder geboren waren, sie führte nach Bonn, wo ein Teil seiner Familie wurzelte, vorbei am Palais Schaumburg, seinem einstigen Amtssitz, am Bundeshaus, in dem er zunächst als Präsident des Parlamentarischen Rates gewirkt, dann als Mitglied der CDU/CSU-Fraktion und als Bundeskanzler die Geschichte der Bundesrepublik maßgeblich gestaltet hatte, vorbei am Petersberg auf der anderen Rheinseite, ehemals Sitz der Alliierten Hohen Kommissare, denen er die ersten Schritte des jungen Staates aus der Vormundschaft hin zu mehr Eigenständigkeit mühsam hatte abtrotzen müssen, bis hin nach Königswinter, wo eine kleine Autokolonne unter militärischer Begleitung den Sarg übernahm und nach Rhöndorf überführte.

Dort, auf dem Waldfriedhof, an der Seite seiner Eltern und seiner beiden Ehefrauen Emma und Gussie, wurde Konrad Adenauer in den Abendstunden desselben Tages beigesetzt. Nur die Familie und engste Freunde waren zugelassen. Schützen des Rhöndorfer Vereins «Sankt Hubertus» trugen ihn zu Grabe, sein Sohn Paul sprach die letzten Gebete. Es war neun Uhr abends, als der Sarg in das mit grünen Zweigen ausgeschmückte Grab sank.

Wer war dieser Tote, der in einer von Gemessenheit und Würde geprägten Zeremonie zu Grabe getragen wurde? Welche Maximen bestimmten sein politisches Handeln? Was hat ihn geprägt? Welche Höhen und Tiefen hatte er – im privaten Leben wie als Politiker – zu durchschreiten? Welche Erfolge werden ihm von Zeitgenossen wie von Historikern zugeschrieben? Was bleibt von seinem «Erbe»? Auf diese Fragen will das vorliegende Buch in knappen Strichen Antwort geben.

1. Der Kölner

Familie, Bürgermeisteramt und erzwungener Ruhestand

Konrad Adenauers Lebensspanne umfasst vier unterschiedliche Zeitepochen – das Kaiserreich, die Weimarer Republik, das Dritte Reich und die Bundesrepublik Deutschland – und war damit reich an politischen Erfahrungen. Hineingeboren wurde er in das soeben gegründete Deutsche Reich. Als er am 5. Januar 1876 in Köln das Licht der Welt erblickte, waren die Einigungskriege und die Schaffung eines deutschen Nationalstaats im öffentlichen Bewusstsein noch höchst präsent. Die Familie seines Vaters war, ebenso wie die seiner Mutter, im Rheinland, im ländlichen Umfeld Bonns, ansässig gewesen. Seine Eltern, Johann Conrad und Christina Helena Adenauer, geb. Scharfenberg, waren nach ihrer Heirat im August 1871 nach Köln gezogen, wo der Vater, nach dem deutsch-französischen Krieg aus dem Militär verabschiedet, in die mittlere Beamtenlaufbahn in der Justizverwaltung übernommen worden und dort – zuletzt als Kanzleirat – am Oberlandesgericht tätig gewesen war. Im Mai 1872 wurde der erste Sohn, August, geboren, im Oktober 1873 Hans, im Januar 1876 dann Konrad Hermann Joseph und im April 1879 schließlich die Tochter Lili. Ein fünftes Kind, 1882 geboren, gleichfalls ein Mädchen, starb wenige Monate nach der Geburt. Konrad wuchs somit in einer Familiengemeinschaft auf, die ihm Halt gab und ihn zeitlebens stützen sollte.

Bestimmend für den familiären Alltag war eine starke religiöse Bindung, die sich bis in den Tagesablauf – so im gemeinsamen Gebet des Morgens und des Abends – auswirkte. Sein ganzes Leben lang blieb er ein praktizierender katholischer Christ. Er könne sich nicht erinnern, jemals am Sonntag nicht die Heilige Messe besucht zu haben, außer er sei krank gewesen, hat er später beteuert. Diese Verwurzelung im rheinischen Katholizismus –

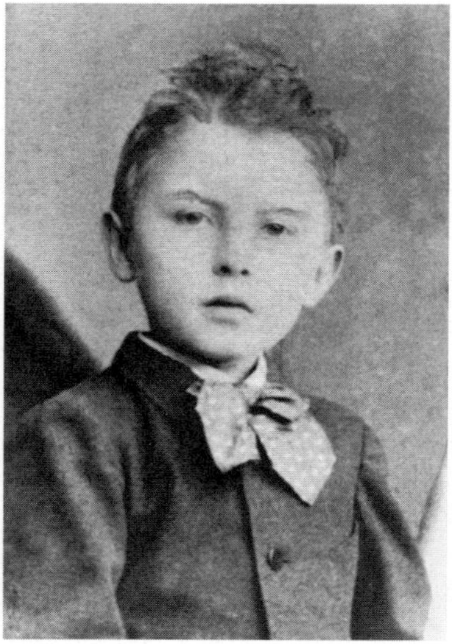

Konrad Adenauer als Schüler, um 1883

tolerant, weltoffen, pragmatisch – hat den späteren Bundeskanzler bis an sein Lebensende geprägt. Nicht weniger bedeutsam für das tägliche Leben waren die innerfamiliär vermittelten Tugenden, die er im Rückblick so charakterisiert hat: «Pflichtgefühl, Redlichkeit, Fleiß und jener sachliche Ehrgeiz, der bestrebt ist, jede Aufgabe unter Anspannung aller Kräfte zu lösen.» Dieses Bild einer integren, leistungsorientierten, kleinbürgerlichen Beamtenfamilie zieht sich durch alle Berichte über Adenauers Elternhaus. Nicht nur der strenge Vater, auch die tatkräftige Mutter, eine Frau «von ungewöhnlicher Energie», wie der Sohn zu berichten wusste, prägte den Alltag der vier Geschwister.

Ostern 1885 trat Adenauer in das Aposteln-Gymnasium ein, das bereits seine beiden älteren Brüder besuchten. Den drei Söhnen eine gymnasiale Ausbildung und ein Studium zu ermöglichen, war für den Vater keine leichte Aufgabe und erforderte von allen Beteiligten Fleiß, Sparsamkeit und gegenseitiges Einstehen füreinander. Da bereits die beiden älteren Brüder studierten, hatte der Vater für den jüngsten Sohn nach dem Abitur eine

Banklehre vorgesehen. Allerdings blieb der Eintritt in das Bankhaus Seligmann Episode. Vielmehr begann Konrad nach nur 14 Tagen Lehre, unterstützt durch ein Bürgerstipendium der Stadt Köln, im April 1894 ein Jurastudium an den Universitäten in Freiburg, München und Bonn, das er drei Jahre später, 21 Jahre alt, mit dem ersten Staatsexamen abschloss. Ihm folgte eine viereinhalbjährige Ausbildung als Referendar; das Assessorexamen konnte er im Oktober 1901 ablegen. Der Weg in den Staats- oder Justizdienst schien geebnet.

Dennoch waren die ersten beruflichen Schritte tastend und unschlüssig. Nach zwei Jahren als Gerichtsassessor bei der Kölner Staatsanwaltschaft trat Adenauer in eine Rechtsanwaltskanzlei ein, um dann in den Justizdienst zurückzukehren. Aber auch dies sollte nicht seine endgültige berufliche Perspektive sein, vielmehr zog es ihn schließlich in die Kommunalverwaltung seiner Heimatstadt. Im März 1906 erfolgte hier der entscheidende Schritt für die spätere politische Karriere, nämlich die Wahl zum Beigeordneten der Stadt Köln durch die Stadtverordnetenversammlung. Vorgeschlagen worden war Adenauer von der Zentrumspartei, der er nach Herkunft und Milieu verbunden war, doch hatten auch die Liberalen für ihn gestimmt. Damit war ein erster Schritt zu einer beruflichen Karriere im Schnittfeld von Politik und Verwaltung getan.

Mittlerweile – im Januar 1904 – hatte er geheiratet. Seine Frau Emma, geb. Weyer, stammte aus einer angesehenen Kölner Familie, sodass dieser Schritt – ohne Zweifel von Liebe und Zuneigung geprägt – auch den Zutritt zu den Kreisen des Kölner Bürgertums und damit weiteren beruflichen Aufstieg erwarten ließ. Beide kannten sich aus dem Tennisclub «Pudelnaß», dessen Mitglied Adenauer seit einiger Zeit war. Das junge Ehepaar wohnte zunächst in einer geschmackvoll eingerichteten Etagenwohnung in der Klosterstraße 71, mietete nach der Geburt der Kinder dann aber ein Haus im Kölner Vorort Lindenthal. Später, 1911, zog er in ein eigenes Haus in der Max-Bruch-Straße. 1906 wurde der älteste Sohn Konrad geboren, 1910 der zweite Sohn Max und 1912 die Tochter Ria. Allerdings verschlechterte sich durch die Schwangerschaften Emmas Gesundheitszustand zusehends; nach langem Nierenleiden starb sie im Oktober 1916 an Nierenversagen.

Die Verbindung mit der Familie Weyer war auch ein wichtiger Impuls für Adenauers weitere politische Karriere. Bereits 1907 war Emmas Onkel, Max Wallraf, zum Oberbürgermeister Kölns gewählt worden, der seinen angeheirateten Neffen als Mitglied des Beigeordnetenkollegiums schätzen lernte. Als 1909 der bisherige Erste Beigeordnete sein Amt niederlegte, nominierte die Zentrumsfraktion Adenauer als Kandidaten für dessen Nachfolge und konnte diesen Personalvorschlag mit der eigenen Mehrheit durchsetzen. Damit wurde der 33-Jährige nach nur drei Jahren als Beigeordneter durch Fleiß und Umsicht, aber auch durch die günstige personalpolitische Konstellation zum Vertreter des Bürgermeisters und damit zum zweitmächtigsten Mann in der Kölner Stadtverwaltung. Für Adenauers späteren Lebensweg waren diese politischen Lehrjahre in Köln ein entscheidender Baustein. Hier lernte er Aufbau und Arbeitsweise einer Stadtverwaltung kennen, hier konnte er den Umgang mit einem großen administrativen Apparat üben. Da er de facto die rechte Hand Wallrafs war, gewann er Einsicht in die zentralen Bereiche kommunaler Politik: Wirtschaft, Haushalt, Finanzen, Personalentwicklung, im Ersten Weltkrieg dann auch in die Lebensmittelversorgung. Seine straffe, auf Effizienz und Rationalität ausgerichtete Vorgehensweise ließ bereits Charakteristika seiner späteren Amtsführung als Bundeskanzler erkennen.

Die Position eines Ersten Beigeordneten war immer auch ein Sprungbrett für die Wahl zum Oberbürgermeister. Adenauer gelang dieser Schritt im September 1917, als er, erneut von der Zentrumsfraktion vorgeschlagen, ohne Gegenstimmen zum Oberhaupt seiner Geburtsstadt gewählt wurde. Nachdem Max Wallraf einem Ruf nach Berlin als Staatssekretär des Innern gefolgt war, hatte sich die Zentrumsfraktion rasch auf ihn als Kandidaten geeinigt. Bei den Liberalen hatte sich der Bankier Louis Hagen, der schon bei Adenauers Bestellung zum Ersten Beigeordneten mit die Fäden gezogen hatte, entschieden für dessen Wahl zum neuen Stadtoberhaupt eingesetzt. Unter den Vorzeichen der Rheinischen Städteordnung besaß ein Oberbürgermeister eine beachtliche Machtfülle. Auf zwölf Jahre gewählt, konnte er von wechselnden Mehrheiten der Stadtverordnetenversammlung nur schwer gestürzt werden. Als Vorsitzender dieser Versammlung war er es, der deren Agenda bestimmte und um Zustimmung für seine politischen Vorhaben warb. Als Vorgesetzter der Beigeordneten hatte er das Recht, den Zuschnitt der Dezernate festzulegen und so fähige Mitarbeiter an sich zu binden. Von dieser Position aus konnte er die Entwicklung der Stadt am Rhein im kommenden Jahrzehnt maßgeblich prägen.

Die erste große Herausforderung, der sich das neu gewählte Stadtoberhaupt zu stellen hatte, waren Kriegsende und Novemberrevolution. Auf die Bildung eines Arbeiter- und Soldatenrates in Köln reagierte er durchaus pragmatisch und suchte die Kooperation mit dessen Anführern. Hier traf er bei Wilhelm Sollmann, dem Vorsitzenden der Kölner Sozialdemokratie, auf Zustimmung. Beide kannten und schätzten sich aus der Kommunalpolitik; immerhin hatte der neue Oberbürgermeister Sollmann schon während des Krieges das Angebot unterbreitet, in Zukunft auch drei Sozialdemokraten in den bisher von Liberalen und Zentrumspartei dominierten Stadtrat eintreten zu lassen. Dieses Zugehen auf die Sozialdemokratie zahlte sich in der Novemberrevolution aus, als Adenauer, den neuen Machtverhältnissen Rechnung tragend, die Verwaltung doch weitgehend unbehelligt weiterführen konnte.

Eine viel größere Herausforderung war jedoch die Frage nach der Zukunft des Rheinlands. Mit dem Waffenstillstand hatten alliierte Truppen das linksrheinische Gebiet mit den Brückenköpfen Köln, Koblenz und Mainz besetzt und übten die Oberhoheit über die örtliche Verwaltung aus. Ob dies ein Präjudiz für eine insbesondere von Frankreich geforderte Abtrennung des Rheinlandes vom Deutschen Reich sein würde, war damals nicht abzuschätzen. Aber auch innerhalb Deutschlands gab es Überlegungen, Preußen aufzuteilen und so dessen dominierende Stellung zugunsten einer ausgewogeneren föderalen Ordnung zu brechen. Im Rheinland wurden diese Tendenzen verstärkt durch die auf die Trennung von Kirche und Staat zielende Schulpolitik des neuen preußischen Kultusministers Adolf Hoffmann, sodass die Parole «Los von Berlin» in der überwiegend katholischen Bevölkerung dort ein lebhaftes Echo fand. Vor dem Hintergrund dieser Situation muss die Rolle Adenauers in der Rheinstaatsbewegung 1918/19 betrachtet werden.

Die Idee einer «Rheinischen Republik» wurde in den aufgewühlten Wochen von Revolution und Waffenstillstand in Köln von unterschiedlichen Personen und Gruppierungen in die Diskussion geworfen. Adenauers Position in dieser Frage und seine Aktivitäten in diesem Zusammenhang lassen sich nicht leicht rekonstruieren, zumal die Quellen teilweise widersprüchlich sind oder doch unterschiedliche Interpretationen zulassen. Zudem oszillierte seine Position je nach Situation und Zukunftsperspektiven. Dennoch lässt sich eine gewisse Leitlinie in Adenauers Vorstellungen erkennen.

Entscheidendes Movens für seine Idee der Schaffung einer «Rheinischen Republik» war die Furcht, Frankreich wolle in dem künftigen Friedensvertrag die Annexion der linksrheinischen Gebiete oder zumindest die Schaffung eines Pufferstaates dort durchsetzen. Die Verklammerung links- und rechtsrheinischen Territoriums in einer solchen «Rheinischen Republik» sollte aus seiner Sicht diese Pläne durchkreuzen, und das Deutsche Reich würde so seine Grenzlinie halten können. Durch die Aufteilung Preußens, von den Siegermächten als «böser Geist Europas» verteufelt, sollte sowohl dem französischen Sicherheitsstreben als auch dem Wunsch der rheinischen Bevölkerung nach regionaler Eigenständigkeit Rechnung getragen werden. Gerade über die Verselbstständigung des Rheinlandes und seine kulturelle und wirtschaftliche Nähe zu den westlichen Nachbarn wollte Adenauer somit den französischen Annexionsplänen die Spitze nehmen.

Dieser in sich durchaus plausible Plan erhielt jedoch einen anstößigen Beigeschmack, da die Schaffung einer solchen «Rheinischen Republik» auch als erster Schritt zu einer Anlehnung an Frankreich gesehen werden konnte – und von vielen Zeitgenossen auch so gesehen wurde. Dies tauchte Adenauers Vorgehen im Winter 1918/19 in ein gewisses Zwielicht, was sich auch in den späteren Kontroversen um seine Rolle in der Rheinlandfrage widerspiegelt.

Am 9. November 1918, noch vor der Ankunft der alliierten Truppen in Köln, hatte Adenauer einige Vertreter der Rheinland-Bewegung im Rathaus empfangen, ohne ihnen jedoch konkrete Zusicherungen zu machen. Auf einer Versammlung am 4. Dezember in den Sälen der Bürgergesellschaft, in der eine Proklamation zur Schaffung einer «Rheinischen Republik» innerhalb des Deutschen Reiches verabschiedet wurde, glänzte der Kölner Oberbürgermeister durch Abwesenheit. An weiteren Besprechungen auch mit Vertretern anderer Städte im Rheinland nahm er zwar aktiv teil, doch blieben konkrete Festlegungen angesichts der Unsicherheit über die Pläne der Siegermächte und in Anbetracht des Widerstandes in Berlin aus. Mit der Entscheidung der Pariser Friedenskonferenz, dem französischen Wunsch nach Abtrennung der linksrheinischen Gebiete nicht zu entsprechen, fielen die Überlegungen zur Schaffung einer «Rheinischen Republik» in sich zusammen.

Erneut in den Dunstkreis des rheinischen Separatismus geriet Adenauer im Herbst 1923. Mit der Besetzung des Ruhrgebiets durch französische und belgische Truppen im Januar 1923 entwickelte sich ein Konflikt auch um das Rheinland, dessen Ausgang völlig offen schien. Hatte die Reichsregierung die Bevölkerung des besetzten Gebiets zunächst zu passivem Widerstand aufgerufen und dies materiell durch Unterstützungszahlungen für die wachsende Zahl von Arbeitslosen und von Gehältern für die noch verbliebenen Beamten untermauert, so wurde spätestens im Spätsommer klar, dass dies die Reichsfinanzen in den Ruin trieb und auch die deutsche Währung völlig außer Kontrolle geraten ließ. Mit dem Abbruch des passiven Widerstands und dem absehbaren Ende der Transferleistungen aus Berlin spitzte sich die Lage an Rhein und Ruhr zu: Separatistische Kreise versuchten, einen Rheinstaat auszurufen, und konnten sich dabei des aktiven Schutzes französischer und belgischer Behörden sicher sein.

Für Adenauer und andere führende Vertreter von Politik und Wirtschaft an Rhein und Ruhr stellte sich die Frage, wie ein

Ausweg aus dieser Situation gefunden und hierbei die Belange der eigenen Bevölkerung gewahrt werden konnten. Ähnlich wie im Winter 1918/19 brachte der Kölner Oberbürgermeister die Schaffung einer «Rheinischen Republik» ins Gespräch, eines eigenständigen Bundesstaates innerhalb des Deutschen Reiches, dessen konkrete rechtliche Stellung noch auszuhandeln gewesen wäre. Hiermit sollte der Tatsache Rechnung getragen werden, dass die Reichsregierung die Unterstützung für die besetzten Gebiete nicht länger gewährleisten und somit eine wie immer geartete Trennung vom übrigen Reich notwendig werden konnte. Diese «Rheinische Republik» sollte zudem wirtschaftlich auf breiter Ebene mit den westlichen Nachbarn verflochten werden, um dem französischen Sicherheitsbedürfnis Genüge zu tun.

Die Diskussionen zwischen Vertretern der Reichsregierung und Bevollmächtigten des besetzten Gebiets um eine mögliche Verselbstständigung des Rheinlands verliefen kontrovers und letztlich ohne Ergebnis. Als die entscheidenden Protagonisten schälten sich schon bald Adenauer auf der einen und Reichskanzler Gustav Stresemann auf der anderen Seite heraus. Während der Kölner Oberbürgermeister davor warnte, die besetzten Gebiete «versacken» zu lassen, und in diesem Fall die Notwendigkeit eines Arrangements mit den Franzosen hervorhob, sah sich der Chef der Reichsregierung nicht in der Lage, eine wie auch immer geartete Trennung zwischen dem Rheinland und dem übrigen Reich gutzuheißen. Immerhin kam man überein, dass ausgewählte Vertreter des Rheinlands, darunter Adenauer, mit den Besatzungsbehörden verhandeln sollten. Allerdings blieben auch diese Sondierungen wirkungslos.

Aus Adenauers Sicht waren die Rheinstaatspläne aus der Notwendigkeit geboren gewesen, in der existenziellen Krise des Deutschen Reiches die Belange der besetzten Gebiete zu wahren und diesen angesichts der harten Hand der französischen Besatzungsbehörden und der schwindenden materiellen Unterstützung aus Berlin einen Weg aus der Zwangslage zu weisen. Auch zu diesem Zeitpunkt blieben für ihn Ausmaß und Reichweite der Eigenständigkeit einer «Rheinischen Republik» abhängig von den äußeren Umständen: Je stärker der Druck der französischen Reparationspolitik auf den besetzten Gebieten lastete, je beunruhigender die Ohnmacht der Reichsregierung sichtbar wurde, desto eher war der Kölner Oberbürgermeister bereit, dieses Gebilde aus dem Verband des Deutschen Reiches herauszulösen und einen Ausgleich mit den französischen Interessen zu suchen. Somit waren alle entsprechenden Pläne und Äußerungen von der jeweiligen Einschätzung der Situation wie von taktischen Erwägungen in Bezug auf den Gesprächspartner abhängig. Dies erklärt die mangelnde Schärfe und Präzision von Adenauers Überlegungen. Dennoch war er im Herbst 1923 von den politischen Umtrieben der Separatisten genauso weit entfernt wie fünf Jahre zuvor. Mit der Initiative der Reichsregierung zum Abbruch des passiven Widerstandes, zur Sanierung der Währung und zu einem neuen Anlauf in der Reparationsfrage wurden die Rheinstaatspläne obsolet, gewann Berlin die politische Initiative gegenüber den Repräsentanten des Rheinlandes und des Ruhrgebietes zurück. Der Rückzug der alliierten Truppen im Sommer 1925 setzte diesen Rheinstaatsplänen dann einen definitiven Schlusspunkt.

Wenn Adenauers wichtigster Opponent in der Rheinlandfrage, Gustav Stresemann, in seinen Memoiren bekannte, dass «die Oberbürgermeister des heutigen Deutschland ... in Wirklichkeit neben den Großindustriellen die Könige der Gegenwart» seien, so traf er mit dieser Einschätzung ins Schwarze. Dank langer, nämlich zwölfjähriger, Amtsperioden vom politischen Klein-Klein weitgehend unabhängig, mit großer Machtfülle und viel Gestaltungsspielraum ausgestattet, konnten sie ihren Kommunen in hohem Maße ihren Stempel aufdrücken. Dies galt auch für den Oberbürgermeister der größten Stadt am Rhein.

Köln hatte und hat Adenauer viel zu verdanken. Zu den zentralen Bauprojekten, mit denen er das Gesicht der Stadt nachhaltig veränderte, gehören der Ausbau der Messe, die Erweiterung des Rheinhafens in Niehl, den er zu einem der größten Binnenhäfen Europas machen wollte, die Errichtung einer Hängebrücke nach Mülheim, seinerzeit die größte Kabelbrücke der Welt, sowie verschiedene Vorhaben des Wohnungs- und des Straßenbaus. Auch die Ansiedlung der Ford-Werke und die Ausrichtung der «Pressa», einer internationalen Presseausstellung, sollten die wirtschaftliche Bedeutung der Domstadt stärken. Schließlich setzten die Gründung der Universität 1919 und deren erste Ausbauschritte neue Akzente. Adenauers größter Stolz war jedoch die Anlage des weithin als vorbildlich angesehenen Grüngürtels. Bei Kriegsende musste Köln, bisher die zentrale Festung des Rheinlandes, entfestigt werden, und so wurde eine riesige Fläche frei, die nun als Wohnungsbau- und Gewerbegebiet sowie – zum größten Teil – als Grünanlage und Naherholungsgebiet für die Bevölkerung genutzt werden konnte. Auch das neue Sportstadion in Müngersdorf entstand in diesem Zusammenhang; es war 1928 Austragungsort des Deutschen Turnfests.

Diese von Adenauer maßgeblich vorangetriebenen Projekte haben der Rheinmetropole ein neues städtebauliches Gesicht gegeben. Sie lassen seinen Willen erkennen, die Bedeutung der Domstadt als Wirtschaftsstandort zu stärken, ihre urbane Qualität zu verbessern und sie generell zu einem modernen, attraktiven, für die Anforderungen der Zukunft gerüsteten Gemeinwesen zu machen. Dies gelang ihm trotz nicht unerheblicher Widerstände und auch mancher waghalsiger Finanzierungen in eindrucksvoller Weise. Mit Beharrlichkeit, taktischem Geschick und unter Nutzung seiner vielfältigen Verbindungen zu Politik und Wirtschaft vermochte er seine Vaterstadt maßgeblich zu prägen.

Im Lichte von Adenauers späterer Karriere als Bundeskanzler ist häufig darauf hingewiesen worden, dass bestimmte Züge seines Führungsstils, seiner Personalpolitik und seines Umgangs mit parlamentarischen Gremien in den Kölner Jahren ausgeprägt worden seien. Hier gilt es zu differenzieren. Obwohl als Kandidat der Zentrumspartei vorgeschlagen, suchte er sich nach seiner Wahl nicht vornehmlich als deren Sachwalter zu profilieren, sondern bemühte sich um Unterstützung auch in anderen politischen Lagern, ja wusste diese in der Stadtverordnetenversammlung auch gegeneinander auszuspielen. Dennoch war seine politische Nähe zum rheinischen Zentrum, zu einer pragmatisch-gemäßigten Sozialdemokratie und zum republikanisch-staatstreuen Liberalismus unübersehbar. In der Stadtverwaltung setzte er auf Funktionalität, Leistungsfähigkeit und Zuarbeit für seine politischen Vorhaben, weniger auf persönliche Nähe und Vertrauen. Dieser energische, schon von manchen Zeitgenossen als «monarchisch» charakterisierte Regierungsstil brachte ihm in der Bürgerschaft nicht nur Zustimmung. Vielmehr gab es viele Klagen über seine ehrgeizigen Pläne, die die Finanzlage der Stadt zu überfordern schienen.

Im Unterschied zu späteren Jahren blieb während der Kölner Zeit Adenauers nach außen sichtbares parteipolitisches Engagement gering. Er war weder Vorsitzender der Kölner Zentrumspartei noch stand er an der Spitze des rheinischen Zentrums, und auch im preußischen und im Reichszentrum nahm er nie ein gewichtiges Parteiamt wahr. Allerdings versah er parteiorientierte Mandate im Rheinischen Provinziallandtag und im Provinzialausschuss sowie im Preußischen Staatsrat. Hier jedoch beschäftigte er sich weniger mit parteipolitischen Auseinandersetzungen, sondern bemühte sich eher um den Vorsitz dieser Körperschaften und versuchte aus dieser Funktion heraus sowie durch persönliche Kontakte in die Politik hinein seinen Einfluss auszubauen. Dies zahlte sich dann wiederum für seinen eigentlichen Wirkungsbereich – Köln und die Rheinprovinz – aus. Durch seine politischen Erfolge, sein Ansehen, seine Erfahrung und Routine galt er als herausragender Kommunalpolitiker, von denen das Zentrum sonst nur wenige aufweisen konnte. Die Ausweitung seiner Aktivitäten auf die gesamtstaatliche Ebene untermauerte dies, doch lag ihm nach wie vor in erster Linie die Metropole am Rhein am Herzen.

Zweimal – 1921 und 1926 – war Adenauer ernsthaft für das Amt des Reichskanzlers im Gespräch, auch dies ein Ausweis seines politischen Ansehens. Beim ersten Mal war das bisherige Kabinett an der Reparationsfrage gescheitert, sodass nun ein Kanzler gesucht wurde, der in der Lage war, die alliierten Forderungen zu erfüllen. Adenauer, von der Reichstagsfraktion des Zentrums ins Spiel gebracht, erklärte sich zwar grundsätzlich zur Übernahme dieses Amtes bereit, stellte jedoch zugleich gravierende Bedingungen, nämlich deutliche Einschnitte in der Sozial- und Wirtschaftspolitik sowie das Recht, seine Minister unabhängig von den Parteien wählen zu können. Dies war für die künftigen Koalitionspartner in keiner Weise akzeptabel, sodass seine Kandidatur schnell in sich zusammenfiel. Im Frühjahr 1926 war die Lage kaum anders. Angestrebt wurde eine Große Koalition, die bereit sein würde, bestimmte materiell eher unbedeutende, aber politisch-symbolisch höchst strittige Punkte – nämlich die Flaggenverordnung und die Frage der Fürstenentschädigung – zu regeln, um sich dann wichtigeren Politikfeldern zuzuwenden. Auch hier wies der Kölner Oberbürgermeister den Plan zu einer Interimslösung zurück und bestand darauf, eine feste Koalitionsregierung zu bilden und hierbei als Kanzler den entscheidenden Einfluss bei der Zusammensetzung des Kabinetts zu erhalten. Dies stand jedoch den damaligen Usancen der Regierungsbildung entgegen. Der Ausflug in die Reichspolitik blieb Episode, das Amt des Oberbürgermeisters der größten Stadt am Rhein behielt für Adenauer eine stärkere Anziehungskraft als der Wechsel auf die Berliner Bühne.

Im Jahr 1929 lief die zwölfjährige Amtsperiode Adenauers ab, sodass eine Wiederwahl anstand. Angesichts seiner tatkräftigen und umsichtigen Arbeit als Oberbürgermeister hätte eine breite Unterstützung in der Stadtverordnetenversammlung nahe gelegen, doch erhielt er dort am 17. Dezember nur die denkbar knappste Mehrheit, nämlich 49 von 96 abgegebenen Stimmen. Seine energische, oft als autokratisch empfundene Amtsführung spiegelt sich in diesem Ergebnis ebenso wider wie die sich am Horizont abzeichnende Weltwirtschaftskrise. In den mittleren Jahren der Weimarer Republik hatte die Stadt Köln für ihre ehrgeizigen Bauprojekte viele kostspielige Investitionen getätigt und dies zu einem großen Teil über Anleihen und kurzfristige Verschuldung finanziert. Mit der heraufziehenden Krise war dies nicht länger möglich, vielmehr war die Verschuldungsquote des städtischen Haushalts ein bedrohliches Menetekel. Da die meisten dieser Investitionsprojekte von Adenauer tatkräftig angeschoben und unterstützt worden waren, wurde ihm nun der angewachsene Schuldenberg zur Last gelegt. Zwar hatte er mitt-

Gussie Zinsser und Konrad Adenauer am Tag ihrer Hochzeit
am 25. September 1919

Die Familie Adenauer Ende der zwanziger Jahre *(v. l. n. r.)*:
Max, Lotte, Konrad, Gussie, Libet, Ria und Paul

lerweile entschlossen auf einen rigorosen Sparkurs umgesteuert, doch beruhigte dies die Situation weder politisch noch materiell. Die zweite Amtsperiode wurde so zu einer unerquicklichen Phase seiner Oberbürgermeisterzeit.

Auch privat waren dies keine erfreulichen Jahre. Im Jahr 1919 hatte Adenauer wieder geheiratet. Seine zweite Ehefrau Gussie (Auguste), geb. Zinsser, 19 Jahre jünger als ihr Ehemann, war die Tochter eines in der Nachbarschaft wohnenden Facharztes für Dermatologie. Schon zu Lebzeiten von Emma Adenauer hatten enge nachbarschaftliche Beziehungen zwischen beiden Familien mit gemeinsamen Musikabenden und Spielen für die Kinder bestanden. Die junge Ehefrau brachte den Witwer dazu, sich – soweit es seine Zeit zuließ – wieder stärker dem Musik- und Theaterleben seiner Heimatstadt zuzuwenden und hier Entspannung von den Amtsgeschäften zu suchen. Aus der Ehe gingen fünf Kinder hervor: Paul (1923), Lotte (1925), Libet (1928) und Georg (1931); Ferdinand (1920) starb als Säugling. Wie schon während seiner ersten Ehejahre, fuhr der Pater familias mit Frau und Kindern während der Sommerferien in einen ausgedehnten Erholungsurlaub – zunächst innerhalb Deutschlands, seit Mitte der zwanziger Jahre meist nach Chandolin im Wallis. Hatte er in Köln angesichts seiner Amtspflichten wenig Gelegenheit, an der Erziehung der Kinder teilzuhaben, so suchte er dies nun in den Schweizer Bergen wettzumachen, was angesichts des auf Disziplin und Strenge setzenden Vaters nicht immer zur Freude der Söhne und Töchter ausfiel. Adenauer entschloss sich in dieser Zeit, sein Haus in der Max-Bruch-Straße im vornehmen Vorort Lindenthal durch einen Anbau zu erweitern und das Grundstück durch den Erwerb angrenzenden Geländes zu vergrößern, um seiner wachsenden Familie mehr Raum zu verschaffen.

Der sich hierin manifestierende Lebensstil des Stadtoberhaupts sowie seine von vielen als unverhältnismäßig angesehenen Einkünfte gerieten Ende der zwanziger Jahre angesichts der sich offenbarenden Schuldenkrise der Stadt immer mehr in die Kritik; auch dies schwächte seine Position nachhaltig. Hinzu kamen Gerüchte über private Fehlspekulationen. In der Tat hatte Adenauer sich auf den Kauf ausländischer Aktien eingelassen, deren Kurs nach dem New Yorker Börsenkrach dramatisch fiel; dies sollte ihn sein gesamtes nicht in Immobilien angelegtes Vermögen kosten. Als dies in der Presse kolportiert wurde, beschädigte es sein politisches Ansehen noch zusätzlich. Insbesondere die beiden Flügelparteien KPD und NSDAP nahmen ihn ins Visier.

Die Machtübernahme der Nationalsozialisten trieb ihn dann aus dem Amt. Wie in anderen Städten auch, entzündete sich der Konflikt mit den neuen Machthabern zunächst vordergründig an symbolischen Fragen: Als anlässlich der Wahlen im März 1933 zum Reichstag sowie zu den Landes- und Kommunalparlamenten die erregte Menge das Hissen der Hakenkreuzfahne auf dem Rathausturm forderte, bestand der Oberbürgermeister auf den Reichsfarben Schwarz-Rot-Gold, um so das Fortbestehen der republikanischen Ordnung zu demonstrieren. Dennoch ließ sich auf diese Weise das kommende Unheil nicht abwenden.

Als Hitler Mitte Februar im Rahmen des Wahlkampfes zu einer Großkundgebung nach Köln kam, weigerte sich der Oberbürgermeister, den «Führer» der NSDAP am Flughafen zu begrüßen und an den städtischen Gebäuden Flaggenschmuck anzubringen. Durch diesen Affront geriet er noch stärker in das Visier der braunen Bataillone. In der Woche vor den Kommunalwahlen wurde eine Hetz- und Verleumdungskampagne gegen Adenauer inszeniert, die Schlimmes erwarten ließ.

Am 12. März 1933, dem Tag dieser Wahlen, endete seine 16-jährige Tätigkeit als Kölner Oberbürgermeister. In dieser Wahl gewannen die NSDAP und ihre Verbündeten 46 Sitze in der Kölner Stadtverordnetenversammlung, sodass sie – nachdem die kommunistischen Mandate für «ruhend» erklärt worden waren – über die Mehrheit verfügten. Damit blieb dem Stadtoberhaupt nur der freiwillige Rücktritt oder die gewaltsame Entfernung aus dem Amt. Weder das eine noch das andere wollte Adenauer jedoch akzeptieren. Am Abend des Wahltages ging er noch einmal in sein Amtszimmer, um Abschied zu nehmen, und schloss die Rathaustür hinter sich zu; den Schlüssel fand man nach seinem Tod im Rhöndorfer Schreibtisch.

Am nächsten Morgen fuhr er, unbemerkt von der SA-Wache vor seinem Haus, nach Berlin, um dort beim preußischen Innenminister Göring über die Lage in Köln und die mangelnde Unterstützung durch staatliche Stellen Beschwerde zu führen. Währenddessen hatte Gauleiter Grohé das Rathaus besetzt und den Regierungspräsidenten veranlasst, Adenauer bis auf Weiteres zu beurlauben. Vom Balkon des Rathauses aus war er für «abgesetzt» erklärt worden. Die Hoffnung auf eine Intervention Görings wurde jedoch enttäuscht, vielmehr wurden nun massive Korruptionsvorwürfe gegen Adenauer erhoben, sodass er umgehend ein Dienststrafverfahren gegen sich selbst beantragte, um sich gegen die Verleumdungen zu wehren. Mit diesem Schritt war auch die «sofortige vorläufige Enthebung vom Dienste» verbunden. Die nächsten Jahre waren geprägt von Auseinandersetzungen um die Form der Dienstentlassung, um nicht gezahlte Dienstbezüge sowie um die ihm zustehenden Pensionsansprüche. Im August 1937 kam es schließlich zu einem Vergleich

Konrad Adenauer in der Benediktinerabtei Maria Laach, 1933/34

zwischen ihm und der Stadt Köln, der ihm 150 000 Mark einbrachte, aber weder den finanziellen Ansprüchen des ehemaligen Stadtoberhauptes entsprach noch dem Wert seiner nun an die Stadt Köln übergegangenen Immobilien.

Nach seiner überstürzten Abreise aus Köln und dem kurzen Aufenthalt in Berlin kam Adenauer Ende April 1933 zunächst im Benediktinerkloster Maria Laach in der Eifel unter, dessen Abt Ildefons Herwegen sein Schulkamerad gewesen war. Die Ruhe und Abgeschiedenheit des Ortes, aber auch die intensive Beschäftigung mit der katholischen Soziallehre halfen ihm nach den Turbulenzen der letzten Monate, Erholung zu finden. Wie er der Frau eines engen Freundes, Dora Pferdmenges, bekundete, tue ihm «die Stille und Einsamkeit hier, die ganze geistige Atmosphäre ... sehr gut; ich fühle das deutlich ... Wenn man nicht von dem getrennt wäre, was einem teuer ist, und wenn nicht die Sorge für die Zukunft wäre, könnte man zufrieden sein. Ich bemühe mich redlich, mit der Zeit und mit mir innerlich fertig zu werden». Um wieder mit seiner Familie vereint zu sein, mietete er im Frühjahr 1934 ein Haus am Rande Berlins; dort wurde er im Zusammenhang mit der «Röhm-Affäre» sogar für einige Tage inhaftiert. Ende April 1935 zogen die Adenauers jedoch zurück an den Rhein, nach Rhöndorf am Fuße des Siebengebirges. Nachdem durch den Vergleich mit der Stadt Köln seine finanziellen Verhältnisse überschaubar geworden waren, kaufte Adenauer ein Grundstück am Hang über dem Ort und ließ sich dort nach den Plänen seines Schwagers Ernst Zinnser ein Wohnhaus errichten. Kurz vor Weihnachten 1937 konnte die achtköpfige Familie am Zennigsweg 8a einziehen.

Bis zum Ende des Krieges lebte Adenauer, mit Beschäftigungsverbot belegt, als Pensionär in Rhöndorf. Am 30. Juni 1934, dem Tag der Mordaktion gegen die Führung der SA und gegen weitere aktive Regimegegner, war er festgenommen, aber nach einigen Tagen wieder aus der Haft entlassen worden. Nach der Einstellung des Dienststrafverfahrens hatte die nationalsozialistische Führung jedes Interesse an ihm verloren. Die Tage vergingen mit Gartenarbeit, Spazierengehen, Musikgenuss und Lektüre; auch der Familie konnte er nun mehr Zeit widmen. Selbst die Arbeit an verschiedenen technischen Erfindungen, der er schon vor dem Ersten Weltkrieg gelegentlich nachgegangen war, nahm er wieder auf; auch sie half ihm, die Jahre der erzwungenen Untätigkeit durchzustehen. Dennoch war diese Zeit für den zum Nichtstun Verdammten und von der Polizei Überwachten von depressiven Anwandlungen geprägt; im Vordergrund stand die Sorge um die Familie und um die eigene Zukunft.

Die Nähe zum sich formierenden Widerstand suchte Adenauer jedoch nicht. Enttäuschung über die unrühmliche Andienung mancher politischer Freunde und Weggefährten an das nationalsozialistische Regime, aber auch die Einschätzung, dass die Absichten wie die Vorgehensweise des bürgerlich-militärischen Widerstands gewagt und wenig aussichtsreich seien, und vor allem die Sorge um das Schicksal seiner Familie dürften zu dieser Distanz beigetragen haben. Dass er selbst ein eindeutiger Gegner des Dritten Reiches war, steht dennoch außer Frage. Ins Visier der nationalsozialistischen Machthaber geriet er erneut gegen Ende des Krieges. Einen Monat nach dem 20. Juli 1944 verhaftete man ihn und brachte ihn in ein Lager auf dem Kölner Messegelände. Nach einer verwegenen Flucht aus diesem Lager und anschließender Festnahme wurde er in das Gefängnis Brauweiler eingeliefert. Im November 1944 entließ man ihn wieder; so konnte er nach Rhöndorf zurückkehren und dort das Ende des Krieges abwarten.

2. Der Parteipolitiker

Formierung, Profilsuche und Erfolg der CDU

Mit dem Vorrücken der alliierten Streitkräfte auf Köln änderte sich Adenauers Lage fundamental. Als amerikanische Offiziere Mitte März 1945 Rhöndorf erreichten, trugen sie ihm an, das Amt des Oberbürgermeisters in Köln zu übernehmen. Sein Name stand an prominenter Stelle auf der «Weißen Liste» der Amerikaner, auf der Persönlichkeiten benannt waren, die als Gegner des Nationalsozialismus galten und so für die Mitarbeit beim politischen Neuanfang herangezogen werden konnten. Allerdings zögerte Adenauer zunächst und erklärte sich erst nach einigen Wochen bereit, in seine alte Funktion in der Stadt am Rhein zurückzukehren. Seine Amtszeit sollte allerdings nicht lange währen: Die britische Besatzungsmacht, die Ende Juni 1945 an die Stelle der Amerikaner getreten war, verfügte am 6. Oktober 1945 seine Entlassung, da sie ihm vorwarf, er habe es bei der Reorganisation des wirtschaftlichen Lebens der Stadt an Gehorsam fehlen lassen und sich zudem nicht an das Verbot politischer Betätigung gehalten. So blieb der erneute Antritt als Oberbürgermeister der größten Stadt des Rheinlandes Episode. Dessen ungeachtet wurde Adenauer nach 1945 zu einem entscheidenden Motor des parteipolitischen Neuanfangs.

Die Idee, eine überkonfessionelle christliche Partei zu gründen, war nicht neu, doch hatte sich im Kaiserreich und in der Weimarer Republik die konfessionelle Schranke als so stark erwiesen, dass entsprechende Ansätze im Sande verlaufen waren. Nach 1945 war dies anders: Die bittere Erfahrung der Desintegration des Weimarer Parteiensystems und der nationalsozialistischen Unrechtsherrschaft, aber auch die Entstehung von gemeinsamen politischen Überzeugungen und Leitbildern bei Katholiken und Protestanten im Angesicht von Verfolgung und

Widerstand ließen die Idee einer auf christlicher Grundlage basierenden politischen Partei wiederaufleben. Selbstverständnis und Vision der Gründer zielten auf die Überwindung überkommener konfessioneller und gesellschaftlicher Scheidelinien, auf eine «umfassende politische Tatgemeinschaft» (Eugen Gerstenmaier) christlich orientierter Individuen.

Einig war man sich in dem Willen, die materialistische Weltanschauung, die man als Wurzel des Kapitalismus wie des Marxismus ansah, und die aus ihr entspringenden totalitären wie kollektivistischen Tendenzen zu bekämpfen. Das nun zu schaffende Gemeinwesen sollte den Gesetzen von Recht und Sittlichkeit unterworfen sein, die Grundsätze der christlichen Ethik sollten erneuert, die Würde und die Freiheit des Einzelnen gegen überzogene Machtbefugnisse des Staates wiederhergestellt werden. Das christliche Menschenbild und die moralischen und rechtlichen Grundsätze, die sich vom Naturrecht, von der christlichen Ethik und von der abendländischen Kultur ableiteten, sollten in Zukunft das politische Leben bestimmen. In diesem Sinne wollte man alle diejenigen Kräfte hinter den eigenen Fahnen sammeln, die bereit waren, «alte Bahnen und Denkweisen zu verlassen» («Kölner Leitsätze», s. u.).

Gründungskerne der Christdemokraten waren Berlin, Köln und Frankfurt am Main. Im Rheinland und in Westfalen konnte die neue Partei auf dem engmaschigen Geflecht der katholischen Arbeiterbewegung aufbauen, die bisher in der Zentrumspartei verortet gewesen war, in der aber nun die Bereitschaft, eine interkonfessionelle Partei ins Leben zu rufen, auf große Zustimmung stieß. Die Konkurrenz der Christdemokraten mit der gleichzeitig wiedergegründeten Zentrumspartei sollte dann unter den deutschen Katholiken die ersten Jahre des politischen Neuanfangs prägen. In überwiegend protestantischen Gebieten waren die Gründungszirkel der neuen Partei stärker bürgerlich-konservativ geprägt, entsprang ihre Bildung doch im Wesentlichen der Initiative von Gegnern des NS-Regimes aus den Reihen der ehemaligen Mitte- und Rechtsparteien der Weimarer Republik. Die Integration dieser unterschiedlichen Gründungskreise in eine interkonfessionelle Partei und die Bindung katholischer wie protestantischer Bevölkerungsgruppen an sie erwies sich zunächst als äußerst schwierig und konfliktreich, wurde aber auf lange Sicht zum eigentlichen Erfolgsrezept der Christdemokraten.

In Köln erwuchs die CDU aus einem Kreis früherer Zentrumsmitglieder, der sich seit Mai 1945 um den ehemaligen Zentrumsabgeordneten Leo Schwering gebildet hatte. Am 17. Juni begannen im Kölner Kolpinghaus die Beratungen über die Gründung einer «christlich-demokratischen Partei», auch eine Programmkommission wurde eingesetzt. Am 1. Juli verabschiedete man als Programmentwurf die «Kölner Leitsätze», die stark von der Idee eines «christlichen Sozialismus» geprägt waren und mit denen sogleich im Rheinland und in Westfalen für die neue Partei geworben wurde. Adenauer gehörte dem Kölner Gründerkreis nicht an, war aber über die einzelnen Schritte und Absichten durchaus informiert. Der Grund für die Zurückhaltung dürfte zum einen in Restriktionen seiner Bürgermeisterrolle gelegen haben, zum anderen aber auch in Vorbehalten gegenüber einzelnen Mitgliedern des Gründungskreises. Selbst an der Gründungsversammlung des rheinischen Landesverbandes der neuen Partei am 2. September 1945 – erneut im Kölner Kolpinghaus – nahm er nicht teil, wurde aber dort in die siebenköpfige Parteispitze gewählt, der Schwering als geschäftsführender Vorsitzender angehörte. Diese Wahl trotz Abwesenheit lässt erkennen, dass viele der 200 Delegierten ihn bereits jetzt als eine der zentralen Figuren der neuen Partei ansahen.

Adenauers politisches Weltbild zu diesem Zeitpunkt und seine hierauf gründenden politischen Handlungsmaximen sind nicht leicht zu fassen. Der Erfolg der Nationalsozialisten hatte aus seiner Sicht nicht zuletzt darauf beruht, dass die Deutschen einer falschen Vorstellung vom Staat wie von der Stellung des Individuums angehangen und so der staatlichen Macht den Vorrang gegenüber den Rechten der Person eingeräumt hätten. Deshalb sollte nun der Einzelne in das Zentrum des Staats- und Gesellschaftsverständnisses gestellt werden, und die Macht des Staates sollte an der Würde und den unveräußerlichen Rechten der Person ihre Grenzen finden. Getragen werden sollte das staatliche Leben von den Grundsätzen christlicher Ethik, nach der Menschenwürde und persönliche Freiheit in Politik und Wirtschaft im Zentrum stehen, und einer sich daraus ableitenden pluralistisch-demokratischen Staatsform. Wie er in einer Rede in der Aula der Kölner Universität am 24. März 1946 ausführte, «nennen [wir] uns christliche Demokraten, weil wir der tiefen Überzeugung sind, dass nur eine Demokratie, die in der christlich abendländischen Weltanschauung, in dem christlichen Naturrecht, in den Grundsätzen der christlichen Ethik wurzelt, die große erzieherische Aufgabe am deutschen Volk erfüllen und seinen Wiederaufstieg herbeiführen kann».

Nachdem sich die christlich-demokratische Bewegung auf lokaler und regionaler Ebene konsolidiert hatte und entsprechende Landesverbände in allen vier Besatzungszonen geschaffen worden waren, ging es nun um deutschlandweit koordiniertes Handeln und die Herausbildung einer gemeinsamen politischen Spitze. Dies sollte auf einem «Reichstreffen» vom 14. bis 16. Dezember 1945 in Bad Godesberg thematisiert werden. Insbesondere die Berliner Parteigründer um Andreas Hermes und Jakob Kaiser pochten auf ihrem Führungsanspruch, der sich nicht zuletzt aus ihrem Standort in der ehemaligen Reichshauptstadt ergebe, während die westlichen Parteiverbände, allen voran die mitgliederstarken Organisationen im Rheinland und in Westfalen, einem solche Verlangen nicht nachgeben wollten. Auch Adenauer als prominentester Sprecher dieser Parteizirkel lehnte den «Reichsanspruch» des Berliner Landesverbandes vehement ab, da er fürchtete, dass dieser sich unter dem «Druck der Russen» zu einem Instrument entwickeln würde, mit dem die sowjetische Besatzungsmacht auf die politische Entwicklung Gesamtdeutschlands Einfluss nehmen könnte. Die organisatorische Zusammenführung blieb somit zwar aus, aber man einigte sich in Godesberg darauf, den Namen «Christlich-Demokratische Union Deutschlands» anzunehmen und als Leitlinie gemeinsamen Handelns einen «Sozialismus aus christlicher Verantwortung» zu propagieren.

Während die Christdemokraten im Osten in der Tat immer deutlicher unter die Knute der Besatzungsbehörden gerieten, entwickelte sich die CDU der Britischen Zone aufgrund ihrer Mitgliederzahl und der Herausbildung überregionaler Strukturen mehr und mehr zur Keimzelle der späteren Bundespartei. Hieran hatte Adenauer einen entscheidenden Anteil, gelang es ihm doch, sich mit Engagement und Weitblick an die Spitze dieser Entwicklung zu setzen und auch das politische Profil der neuen Partei entscheidend zu prägen. Als zentrales Führungsinstrument diente dem inzwischen 70-Jährigen der Zonenausschuss der CDU, der auf Anregung der Militärregierung auf dem Godesberger «Reichstreffen» ins Leben gerufen worden war und der Delegierte aus acht Landesverbänden der Britischen Zone zusammenführte. Auf der ersten Zonenausschusstagung am 22. Januar 1946 in Herford übernahm Adenauer zunächst als Alterspräsident die Leitung der Sitzung und erreichte anschließend die Wahl zum vorläufigen Vorsitzenden dieses Gremiums. Die Bestellung zum Vorsitzenden des Zonenvorstands der britischen Zone folgte einen Monat später auf der Tagung in Neheim-Hüsten (26.2.–1.3.1946), wo auch ein erstes Zonenprogramm vereinbart wurde. Auch an dessen Verabschiedung hatte Adenauer großen Anteil. Von zentraler Bedeutung war aus seiner Sicht, dass die die Kölner Leitsätze prägende Formel vom «christlichen Sozialismus» in den Hintergrund rücken sollte, damit sich neben christlich-sozialen auch liberal-demokratische Kräfte in diesem Programmentwurf wiederfinden konnten. Mit der Bekräftigung der «unbeugsamen Entschlossenheit, den christlichen Gedanken und das hohe Ideal wahrhafter Demokratie zur Grundlage der Erneuerung zu machen», wurde dies dann auch erreicht.

Eine solche Kompromisslinie zwischen katholischem Sozialsolidarismus und liberal-marktwirtschaftlichen Tendenzen bestimmte in noch entscheidenderem Maße das «Ahlener Programm», das vom Zonenausschuss auf seiner Tagung in Ahlen vom 1. bis 3. Februar 1947 als «programmatische Erklärung» zur Wirtschafts- und Sozialverfassung verabschiedet wurde. Auch dieses Dokument trug die Handschrift Adenauers, der mit einer solchen Mittellinie verhindern wollte, dass der an Rhein und Ruhr besonders starke Gewerkschaftsflügel der Partei die

CDU in eine Richtung drängte, die ihre Chancen im bürgerlich-liberalen Milieu verringert hätte. Stattdessen hob das «Ahlener Programm» die Gewährleistung von Würde und Freiheit des Menschen als zentralen sozialethischen Orientierungspunkt der Partei hervor und stellte mit dem gemeinwirtschaftlichen Prinzip eine Ordnungsidee heraus, in der die Macht privatkapitalistischer Interessen eingegrenzt und damit eine Machtzusammenballung im wirtschaftlichen Bereich verhindert werden sollte. Rückblickend hat der spätere Parteichef die Notwendigkeit, einen Zwischenweg zwischen christlich-sozialistischen und eher marktwirtschaftlichen Prinzipien der CDU-Gründer zu finden, als wesentliche Voraussetzung für die Zukunft seiner Partei beschrieben: «Die Erreichung dieses Kompromisses zwischen den widerstrebenden Auffassungen war für die CDU äußerst wichtig. Wenn die Einigung nicht erreicht worden wäre, so fürchte ich, wäre unsere Partei auseinandergefallen.»

Hatte sich Adenauer zum unangefochtenen Sprecher und Repräsentanten der CDU in der Britischen Zone aufschwingen können, so blieb die überzonale Zusammenarbeit schwierig; das Eigenständigkeitsbestreben der einzelnen Landesparteien wie auch politisch-programmatische Differenzen standen einer engeren Kooperation entgegen. Somit einigten sich die Vorsitzenden der größeren Parteiverbände, darunter Adenauer, darauf, eine «Arbeitsgemeinschaft der Christlich-Demokratischen und Christlich-Sozialen Union Deutschlands» ins Leben zu rufen. Dieses als Vorstufe einer gesamtdeutschen Union gedachte Gebilde war bis zur Gründung der Bundespartei 1950 das ranghöchste Beratungsorgan der CDU.

Im Rahmen dieser Arbeitsgemeinschaft kam es zu heftigen Auseinandersetzungen zwischen Adenauer und Jakob Kaiser um den Führungsanspruch der Berliner Union und um den politischen Kurs der Partei. Insbesondere Kaisers außenpolitisches Konzept, Deutschland die Funktion einer «Brücke zwischen Ost und West» zuzuschreiben, lehnte Adenauer kategorisch ab. Der hinter diesem Bild aufscheinende Anspruch, einen Ausgleich zwischen den sich abzeichnenden weltpolitischen Lagern zu vermitteln, war in seinen Augen nicht nur anmaßend und überheblich. Angesichts des sich immer deutlicher ausprägenden Gegensatzes der beiden Blöcke konnte aus seiner Sicht die Position Deutschlands nur an der Seite des Westens sein. Deshalb setzte er alles daran, Kaiser von der Position des außenpolitischen Sprechers der Christdemokraten fernzuhalten. Als unter dem Druck der sowjetischen Besatzungsbehörden die Ost-CDU mehr und mehr an Eigenständigkeit verlor und Kaiser sowie sein Stellvertreter Ernst Lemmer schließlich sogar ihrer Funktionen enthoben wurden, war nicht nur der Führungsanspruch der Berliner Parteispitze endgültig obsolet geworden. Auch das «Brücke»-Konzept hatte angesichts der weltpolitischen Realitäten jede Bedeutung verloren.

Die zweite Bühne, auf der Adenauer nach 1945 politisch aktiv wurde, war die nordrhein-westfälische Landespolitik. Allerdings strebte er hier keine Funktionen in der Regierung in Düsseldorf an, was angesichts seiner langen und erfolgreichen Karriere als Oberbürgermeister in Köln nahegelegen hätte, sondern suchte seinen Platz in der CDU-Landtagsfraktion. In dem nach der Gründung Nordrhein-Westfalens ernannten Landtag, der am 2. Oktober 1946 zum ersten Mal zusammentrat, ließ sich Adenauer prompt an die Spitze der Fraktion wählen. Von dieser Position aus konnte er die Bildung der neuen Regierung nachhaltig beeinflussen. Streit gab es vor allem über die Besetzung des für Schulfragen zuständigen Kultusministeriums sowie des Innenressorts – angesichts der Kompetenz für Personalpolitik und Beamtenrecht die machtpolitisch wichtigste Behörde. Bereits hier zeigte sich, dass Adenauer die politische Relevanz personeller Entscheidungen sehr wohl einzuschätzen wusste und als Fraktions- und Parteichef seine Vorstellungen durchzusetzen suchte. Als seine Verhandlungsstrategie, für die CDU den größtmöglichen Einfluss zu erreichen, sich als nicht durchsetzbar erwies, vielmehr die entsprechenden Vorstellungen sowohl innerhalb der CDU als auch zwischen ihr und den möglichen Koalitionspartnern unüberbrückbar auseinanderklafften, beschloss die Fraktion, sich vorerst nicht an der Regierung zu beteiligen. Erst nach den Kommunalwahlen im Herbst 1946, die die Christdemokraten zur mit Abstand stärksten Kraft im

Lande gemacht und damit ihr politisches Gewicht erhöht hatten, traten sie der Regierung in Düsseldorf bei. Allerdings hob nun auch der Fraktionschef hervor, dass man sich «zu diesem Eintritt ins Kabinett nur unter Zurückstellung sehr schwerer Bedenken entschlossen» habe. Vor allem die großkoalitionäre Zusammenarbeit der Parteien, aber auch bestimmte personalpolitische Entscheidungen waren es, die sein Missbehagen auslösten.

Als nach der Landtagswahl vom 21. April 1947 die Karten neu gemischt wurden, hatte Adenauer die Chance, seine Vorstellungen besser durchzusetzen. Auch aus diesem Urnengang war die CDU als stärkste Partei hervorgegangen, benötigte jedoch – wenn sie die SPD in die Opposition verweisen wollte – zumindest zwei kleinere Koalitionspartner. Der Versuch des alten und neuen Fraktionschefs, FDP und Zentrum mit ins Boot zu holen, scheiterte jedoch am Arbeitnehmerflügel seiner Partei, der zu einer solchen Koalition nicht bereit war. Auch das Zentrum setzte eher auf die Kooperation mit der SPD. Stattdessen konnte sich Karl Arnold, führender Kopf der Sozialausschüsse und bereits in der vergangenen Regierung stellvertretender Ministerpräsident, mit seinem Konzept eines Zusammengehens von Christ- und Sozialdemokraten durchsetzen. In einem solchen rund um die Gewerkschaftsachse beider Parteien konstruierten politischen Bündnis sah Arnold nicht nur eine breite Schnittmenge für die Gestaltung der anstehenden Aufbau- und Neuordnungsmaßnahmen, sondern auch eine zentrale Voraussetzung für die Sicherung der noch ungefestigten Demokratie in Deutschland. In dieser in der Tat grundlegenden Frage unterschied sich Adenauer fundamental von seinem Kontrahenten. Allerdings konnte sich Arnold in Düsseldorf durchsetzen: Am 17. Juni 1947 wurde er mit großer Mehrheit zum Ministerpräsidenten einer Koalition aus CDU, SPD, KPD und Zentrumspartei gewählt. Neun Jahre lang, bis zu seinem Sturz 1956, war er die bestimmende politische Figur in Nordrhein-Westfalen.

Für Adenauer war die Zusammenarbeit mit Arnold nicht ganz leicht. Beiden war bewusst, dass der Fraktionsvorsitzende eine andere Koalition und einen anderen Ministerpräsidenten favorisiert hatte. Auch manche vom Kabinett Arnold auf den Weg gebrachte Projekte konnte er nur widerwillig unterstützen. Insbesondere das Gesetz zur Sozialisierung der Kohleindustrie, ein Schlüsselvorhaben des Düsseldorfer Kabinetts, stieß bei Adenauer auf deutliche Vorbehalte, schien doch hier eine gemeinsame Linie zwischen den verschiedenen Flügeln der Fraktion kaum erreichbar. Letztlich konnte nur die Stimmenthaltung in der dritten Lesung deren Zusammenhalt sichern. Hier wie auch an anderen Gesetzesvorhaben zeigte sich in seinen Augen das Grundproblem einer Großen Koalition, nämlich die Gefahr eines Zusammengehens des linken Flügels der Partei mit der SPD, was letztlich das Risiko von Abspaltungen auf der rechten Seite barg und somit das Unionskonzept untergrub.

Die dreijährige Amtszeit an der Spitze der CDU-Fraktion im Düsseldorfer Landtag war für Adenauer eine wichtige Erfahrung. Zwar war ihm die parlamentarische Bühne nicht fremd – immerhin war er als Kölner Oberbürgermeister gleichzeitig Vorsitzender der Stadtverordnetenversammlung gewesen, hatte von 1921 bis 1933 dem Preußischen Staatsrat präsidiert und war nach 1945 Mitglied des Provinzialrats der Nordrhein-Provinz in Düsseldorf sowie des Zonenbeirats für die Britische Zone in Hamburg geworden. Somit kann man mit Rudolf Morsey konstatieren, dass Adenauer «ein altgedienter Parlamentarier» war. Dennoch kam seiner Funktion als Fraktionsvorsitzender in Düsseldorf ein besonderes Gewicht zu: Hier sammelte er politische wie prozedurale Erfahrungen, die ihm später in Bonn zugutekommen sollten; hier stand er vor der Aufgabe, die Fraktion als Stütze des Kabinetts zu platzieren, aber gleichzeitig deren Mitspracherechte im Regierungshandeln zu wahren; hier musste er dafür sorgen, die politischen Kräfte innerhalb der Fraktion – zwischen dem Gewerkschafts- und dem Wirtschaftsflügel, zwischen katholischen und protestantischen Abgeordneten, zwischen rheinischen und westfälischen Regionalinteressen – auszubalancieren und damit deren Zusammenhalt sicherzustellen. Angesichts der nach wie vor prekären Lage der CDU – organisatorisch wenig konsolidiert, ein eher unentschiedenes programmatisches Profil – kam der Arbeit der Parlamentsfraktion und ihres Vorsitzenden eine wichtige Außenwirkung zu.

Der Düsseldorfer Landtag war dennoch letztlich ein Nebenschauplatz. Adenauers eigentlicher politischer Aktionsraum war der entstehende westdeutsche Staat. Rudolf Morsey hat zu Recht betont, dass Adenauer in seiner politischen Laufbahn vor 1933 wie nach 1946 konsequent darauf gesetzt hat, «in allen politisch relevanten Ausschüssen und Kommissionen, denen er angehörte, jeweils den Vorsitz übertragen zu bekommen» und von hier aus die politische Linie dieser Gremien in seinem Sinne zu gestalten. Dies hatte sich in seinem Aufstieg zum Kopf und Sprecher der CDU in den westlichen Besatzungszonen eindrucksvoll gezeigt und lässt sich auch an seiner Rolle in verschiedenen zonalen und überzonalen Gremien 1947/48 ablesen.

Dem Zonenbeirat der Britischen Zone, einer Zusammenkunft der dortigen Landes- und Provinzchefs, der von der Besatzungsmacht als ein Forum des Meinungsaustausches und der gegenseitigen Information ins Leben gerufen worden war, gehörte Adenauer als Vorsitzender der CDU dieser Zone an, doch kam den Repräsentanten der Exekutive hier die entscheidende Rolle zu. In den Wirtschaftsrat für das Vereinigte Wirtschaftsgebiet, von den Landtagen der Britischen und der Amerikanischen Zone mit Vertretern bestückt, ließ sich Adenauer nicht wählen, konnte aber mit dem Vorsitzenden der CDU-Fraktion dort, Friedrich Holzapfel, einen engen Vertrauten an einer wichtigen Stelle platzieren. In diesem Wirtschaftsrat wurden entscheidende Weichen für die parteipolitische Landschaft der späteren Bundesrepublik gestellt: Zum einen wurde hier die Fraktionsgemeinschaft von CDU und CSU begründet, die sich dann im Deutschen Bundestag fortsetzte, zum anderen kam es zur politischen Zusammenarbeit der Christdemokraten mit der Deutschen Partei und der FDP, also der Koalitionskonstellation des ersten Bundeskabinetts. An beiden Entscheidungen hatte Adenauer einen wesentlichen Anteil. Die Schaffung eines «Bürgerblocks» unter Ausschluss der Sozialdemokratie hatte er ja bereits im nordrhein-westfälischen Landtag versucht, war hierbei jedoch an Karl Arnold gescheitert. Als im Wirtschaftsrat die

SPD für ihre Beteiligung an einer Allparteienkoalition den Posten des Direktors für Wirtschaft beanspruchte, setzte Adenauer alles daran, dies zu verhindern und den eigenen Kandidaten, Ludwig Erhard, zum Zug kommen zu lassen. Dies veranlasste die SPD, sich aus der Zusammenarbeit mit den anderen Parteien zurückzuziehen und die Besetzung aller Direktorenposten der neuen Koalition zu überlassen. Für die Parteienlandschaft der Bundesrepublik Deutschland war diese Entscheidung von herausragender Bedeutung, wurde hier doch erstmals in einem prominenten Gremium die Kooperation der bürgerlichen Parteien erprobt und die Sozialdemokratie in die Opposition verwiesen.

Im Parlamentarischen Rat, der am 1. September 1948 in Bonn zur Beratung des Grundgesetzes der Bundesrepublik Deutschland zusammentrat, konnte Adenauer erneut eine prominente Rolle spielen. Auch wenn das süffisante Urteil von Theodor Heuss über seinen Beitrag zur westdeutschen Verfassung – «von Adenauer stammt kein Komma» – materiell zutreffend ist, so geht es doch in eklatanter Weise an dessen Rolle in diesem Gremium vorbei. Als dessen Präsident war Adenauer zum einen die entscheidende Kontaktperson zu den Militärgouverneuren, die schließlich das Grundgesetz zu genehmigen hatten. In dieser Funktion wuchs er in die Rolle des Sprechers und Repräsentanten der Westdeutschen gegenüber den Westmächten, eines Verbindungsmannes zwischen den Besetzten und den Besatzern hinein. Für die spätere Karriere als Bundeskanzler war dies ein wichtiges Vorspiel. Zum anderen war er hinter den Kulissen des Parlamentarischen Rates immer wieder als Vermittler zwischen widerstreitenden Interessen und Ansichten tätig, suchte praktikable Lösungen in umstrittenen Fragen zu erzielen und so die Beratungen dieses Gremiums zum Erfolg zu führen. Ob in der Ausgestaltung des föderalen Prinzips und der Finanzverfassung, ob in Fragen des Elternrechts oder der Beziehungen zwischen Staat und Kirche – in vielen Bereichen konnte die glättende Hand des Vorsitzenden einer Kompromisslösung den Weg bahnen. Aus seiner Sicht entscheidend war, die Beratungen mit einem konkreten Ergebnis abzuschließen und so das Grundgesetz Realität werden zu lassen. In diesem Sinne entspricht Heuss' Diktum in keiner Weise der Rolle Adenauers im Parlamentarischen Rat.

In den Wahlkampf für die erste Bundestagswahl stürzte sich Adenauer mit großem Engagement. Schon vor den entsprechenden Urnengängen in Nordrhein-Westfalen hatte er sich als ausgebuffter Wahlkämpfer gezeigt, der mit klarer Sprache, kalkulierter Polemik und bewussten Überzeichnungen seine Zuhörer in den Bann zog. Dies wiederholte sich im Sommer 1949. Die entscheidende Auseinandersetzung fand zwischen Unionsparteien und Sozialdemokratie statt, wobei insbesondere die wirtschaftspolitischen Programme beider Parteien im Vordergrund standen. Die CDU hatte hier mit Ludwig Erhard und seinem Konzept der «Sozialen Marktwirtschaft» neben Adenauer ein zweites zugkräftiges Wahlkampfpferd. Dieses Ordnungskonzept, auf dem 2. Parteitag der CDU der Britischen Zone in den «Düsseldorfer Leitsätzen» vom Juli 1949 zum Aushängeschild der Union erhoben, knüpfte zwar ausdrücklich an die «wirtschaftsdemokratische» Zielsetzung des Ahlener Programms und dessen eigentumsrechtliche und gesellschaftspolitische Grundsätze an, wollte sie jedoch «nach der marktwirtschaftlichen Seite hin» erweitern und fortentwickeln. Diese Öffnung hin zur wettbewerbsorientierten liberalen Leistungsgesellschaft war ein entscheidender Schritt zum politischen Erfolg der Christdemokraten: In den Wahlen zum 1. Deutschen Bundestag konnten sie fast ein Drittel der Stimmen auf sich vereinen und damit die größte Fraktion im Bonner Parlament stellen.

Dieser Aufstieg zur stärksten politischen Kraft in Westdeutschland war keineswegs vorgegeben. Die Verankerung in der christlichen Naturrechtsauffassung entsprach aber einem weit verbreiteten Empfinden der Zeit nach dem Ende des Dritten Reiches. «Die christliche Weltauffassung allein gewährleistet Recht, Ordnung und Maß, Würde und Freiheit der Person und damit eine wahre und echte Demokratie, die sich nicht auf die Form des Staates beschränken darf, sondern das Leben des Einzelnen wie das des Volkes und der Völker tragen und durchdringen soll.» (Programm von Neheim-Hüsten) Nicht Kollektive wie Staat oder Gesellschaft, sondern das Individuum wurde als Träger politischer Verantwortung gesehen. Durch diese Rückbindung an christlich-abendländische Prinzipien konnten sich Angehörige beider Konfessionen in der neuen Partei versammeln. Aber auch die wirtschafts- und sozialpolitischen Leitlinien mit ihrer Orientierung an Solidarität, Subsidiarität und der Sozialbindung des Eigentums sowie die ab 1948/49 sich verstärkende Hinwendung zur Sozialen Marktwirtschaft entsprachen den Erwartungen der Zeit. Weit überzeugender als der Sozialdemokratie, die nach ihrer Wiedergründung im Wesentlichen an ihren traditionellen Grundsätzen festhielt, gelang es den Christdemokraten, politisch-weltanschauliche Orientierung nach der Überwindung des Nationalsozialismus zu vermitteln sowie Antworten auf die zentralen Fragen der Gegenwart zu geben. Dies erklärt zu einem guten Teil ihre Attraktivität.

An diesem Prozess hatte Adenauer einen entscheidenden Anteil. Den Ansatz zur Schaffung einer überkonfessionellen christlichen Partei hat er schnell aufgegriffen und hartnäckig weiterverfolgt. In den Anfängen der Partei, in der ihre Fortexistenz neben dem wiedergegründeten Zentrum keinesfalls sicher war, hat er über personelle Kontakte, die Ausschaltung politischer Kontrahenten und die Zusammenführung der regionalen Standorte der CDU ihr Überleben, ihr politisches Profil und ihren Aufstieg maßgeblich befördert. Für seinen Biografen Henning Köhler stellt dies «eine der größten Leistungen seines politischen Lebens dar. Angesichts der erheblichen Schwierigkeiten, mit denen diese neue Partei zu kämpfen hatte, darf durchaus die Frage gestellt werden, ob ohne ihn dieser neue und schließlich erfolgreiche Versuch der Überwindung der konfessionellen Spaltung in der deutschen Politik nicht an den Kräften der Beharrung gescheitert wäre». Sein rastloser Einsatz für die Partei, sein taktisches Geschick wie seine Autorität im katholischen Lager haben diesen Erfolg begründet. Hinzu kam, dass er sich mit Cleverness und Durchsetzungsvermögen an die Spitze der rheinisch-westfälischen CDU wählen ließ und von dieser Position aus die Partei auch politisch-programmatisch so formte, dass sie für liberal-konservative Kreise im evangelischen Norden wie für weniger vom «christlichen Sozialismus» geprägte Katholiken im Süden anschlussfähig blieb. Das vielbeschworene «Volkspartei»-Konzept hatte nicht zuletzt hier seinen Ursprung.

Gekrönt wurde diese Entwicklung dann mit der Wahl Adenauers zum Vorsitzenden der Bundes-CDU auf dem «ersten gesamtdeutschen Parteitag» in Goslar vom 20. bis 22. Oktober 1950. Sechzehneinhalb Jahre sollte er von nun an die Geschicke der Partei leiten; erst 1966, als 90-Jähriger, zog er sich aus deren Spitze zurück. Durch diese lange Amtszeit hat er die Partei in entscheidendem Maße geprägt.

Man hat über die CDU in der «Ära Adenauer» immer wieder gesagt, sie habe auf Bundesebene kein Eigenleben gehabt, sei als «Kanzlerpartei» aus dem Kanzleramt heraus geführt worden, und auch ihr programmatisches Profil sei unscharf geblieben. In der Tat: Mitgliederschwach, als Organisation nur in den starken Landesverbänden präsent, in der Bundestagsfraktion in strikter Loyalität auf den Kanzler ausgerichtet, konnte die CDU als Partei in den fünfziger Jahren wenig politisches Eigengewicht gewinnen; bis zum Ende des Jahrzehnts blieb sie eine Honoratioren- und Wählerpartei. Dennoch war dies nicht in erster Linie ein Defizit, sondern Teil ihrer Erfolgsgeschichte. Der lange, steinige und mühevolle Weg von einer interkonfessionellen christlichen Sammlungsbewegung zu einer verschiedene Sozialmilieus übergreifenden und aufsaugenden Volkspartei konnte nur gelingen, wenn den unterschiedlichen regionalen Prägungen Raum gelassen und auf strikte programmatische Konturen verzichtet wurde.

Diese Vorbedingungen erfüllte der Bundeskanzler und Parteivorsitzende durch seine Person und seine Politik. Das interkonfessionelle Sammlungskonzept sowie die auf Adenauers Persönlichkeit zentrierte Regierungspraxis wirkten zur Mehrheitsbeschaffung in vorteilhafter Weise zusammen. Eingebunden in die Regierungsverantwortung und von deren Erfolgen getragen, nahm die ursprüngliche, in den Gründungsjahren stark ausgeprägte weltanschauliche Fundierung der Partei ab und machte einer mehr und mehr pragmatischen, auf die Regierungsarbeit bezogenen politischen Orientierung Platz. Bezeichnenderweise entwickelte die CDU nach ihrem Zusammenschluss zur Bundespartei kein eigenständiges Parteiprogramm, sondern trat in der Öffentlichkeit mit Wahlprogrammen auf, die durch Manifeste oder Grundsatzreden auf Bundesparteitagen je nach aktuellen Erfordernissen ergänzt wurden und dem Ziel dienten, breiten Wählerzuspruch zu erreichen.

In den Wahlkämpfen gelang Adenauer unter Einsatz moderner Werbemethoden die Mobilisierung beachtlicher Massen. Selbst Mittelpunkt und Motor der entsprechenden Kampagnen, war es seine Politik, die der CDU Programm und politische Identität gab: Wiederaufbau, Soziale Marktwirtschaft, Westbindung und europäische Integration. Mit Verve und Tatkraft stürzte er sich in diese Auseinandersetzungen und schreckte auch vor polemischen Angriffen auf den politischen Gegner nicht zurück. So konnten glänzende Wahlerfolge eingefahren werden; bei keiner Bundestagswahl unter seinem Vorsitz kam seine Partei auf weniger als 45 Prozent der Stimmen, 1957 erreichte sie sogar die absolute Wählermehrheit.

Indem Adenauer die Ämter des Regierungs- und des Parteichefs auf sich vereinigte, blieb die CDU eng an die vom Bundeskanzler vorgegebenen politischen Grundentscheidungen und Zukunftsperspektiven gebunden. Sie gaben der Partei ihr unverwechselbares Profil, das sie für die Mehrheit der Wählerschaft so attraktiv machte. Die Erfolge des Bonner Kabinetts kamen eher der Kanzlerpartei zugute als den kleineren Koalitionspartnern, was das Eindringen der Christdemokraten in deren Wählerschaft und ihren Aufstieg zur dominierenden Kraft im «bürgerlichen» Lager begünstigte. Bis Ende der fünfziger Jahre konnte sie so den Großteil der nach 1945 neu entstandenen Klein-, Regional- und Interessenparteien aufsaugen und integrieren.

Doch am Ende dieses für die Partei so erfolgreichen Jahrzehnts zeichneten sich bereits die Probleme der kommenden Jahre ab. Die Regierungsübernahme 1949 und das Ringen um die Richtungsentscheidungen für Außenpolitik, Wirtschaftsordnung und Staatsaufbau hatten die Organisations- und Pro-

Wahlplakat 1953:
Der Wahlkampf der CDU war 1953 ganz auf Adenauer zugeschnitten,
nicht einmal seine Partei wurde erwähnt.

grammdefizite zunächst überdeckt. Mit dem Ablauf der zweiten Legislaturperiode bereitete es der CDU jedoch erhebliche Schwierigkeiten, sich politisch und programmatisch auf die Bedürfnis- und Meinungsvielfalt der sich liberalisierenden pluralistischen Demokratie einzustellen. Stattdessen musste sie lernen, eine moderne Partei zu werden – mit zentraler Organisation, intensiver Mitgliederbetreuung, einem bürokratischen Apparat und offener Willensbildungsstruktur. Entsprechende Ansätze zu Beginn der sechziger Jahre, die Parteispitze institutionell zu festigen und auf mehrere Schultern zu legen, brachten jedoch eher Kompetenzkonflikte als politische Schlagkraft, da die Reformdiskussion die unterschiedlichen politischen, konfessionellen und landsmannschaftlichen Elemente wieder freisetzte, die sich seit 1945 in der CDU zusammengefunden hatten.

Auch die Anläufe zur politischen Standortbestimmung durch ein neues Parteiprogramm kamen nicht voran. Die Entwicklung zur Mitgliederpartei, die etwa 1962 einsetzte, führte vor dem Hintergrund genereller sozialer Wandlungsprozesse den Christdemokraten neue Wähler- und Mitgliedergruppen zu, die in die Strukturen der alten Honoratiorenpartei nicht zu integrieren waren. Die Diskrepanz zwischen Anspruch und Realität der Interkonfessionalität, der Widerstreit zwischen föderalen Parteistrukturen und Zentralisierungstendenzen, das Drängen der neuen, meist jungen Mitgliedergruppen auf innerparteiliche Demokratie und nicht zuletzt die Unsicherheit über die Bedeutung des «C» im Parteinamen in der säkularisierten Industriegesellschaft stellten die Integrationskraft der Partei auf eine harte Probe. Der Kanzlerwechsel von Adenauer zu Erhard und die damit verbundene Trennung von Kanzlerschaft und Parteivorsitz taten ein Übriges, um Sand ins Getriebe der Christdemokraten zu streuen, zumal der «Alte» versuchte, weiterhin Einfluss auf politische Entscheidungen zu nehmen. Die letzten Jahre seines Parteivorsitzes waren für Adenauer eher quälend und unbefriedigend.

3. Der Regierungschef

Kanzlerdemokratie, Stabilisierung und Wirtschaftswunder

Die entscheidenden Weichen für die Bildung einer «bürgerlichen» Koalition mit Adenauer an der Spitze wurden auf der mittlerweile berühmten Zusammenkunft führender Vertreter von CDU und CSU in Adenauers Wohnhaus in Rhöndorf am 21. August 1949 gestellt. Bei den ersten Bundestagswahlen eine Woche zuvor waren die Unionsparteien mit 31 Prozent der Stimmen stärkste Kraft geworden, hatten also die SPD (29 Prozent) – wenn auch nur knapp – hinter sich gelassen. Doch die Frage, ob die anstehenden Wiederaufbaumaßnahmen nicht das Zusammengehen der beiden größten Parteien notwendig machen würden, war auch innerhalb der Christdemokraten durchaus strittig. Auf dem Treffen in Rhöndorf konnte der Hausherr seine Gäste jedoch davon überzeugen, dass der Wähler sich für eine Fortsetzung der bereits im Frankfurter Wirtschaftsrat praktizierten Koalition mit FDP und DP entschieden habe und die SPD zudem kein Interesse an einer Großen Koalition mit einem Unionskanzler an der Spitze verspüre. Auch erste Personalien wurden von ihm erörtert, nämlich den FDP-Vorsitzenden Heuss als Bundespräsidenten in Aussicht zu nehmen und ihn selbst, Adenauer, zum Bundeskanzler zu wählen. Als Gründe für seine Bereitschaft zur Kandidatur führte er die starke Stellung in der CDU der Britischen Zone, «gewisse Erfahrungen in staatlichen Dingen und in der Verwaltung» sowie «stärkere Ellenbogen, als ich früher gedacht hätte» an. Mit betontem Understatement teilte er seinen Zuhörern zudem mit, dass er nach der Ansicht seines Arztes trotz seiner 73 Jahre leistungsfähig genug sei, um das Amt noch «für zwei Jahre» führen zu können.

Die in Rhöndorf getroffenen Absprachen mussten nun noch bei den dort nicht geladenen Mitgliedern der Parteispitze durchgefochten und dann in die Tat umgesetzt werden. Angesichts des Umfangs und der Reichweite der Vereinbarungen fiel der innerparteiliche Widerstand gegen die in Aussicht genommene «bürgerliche» Koalition rasch in sich zusammen. Auch die Koalitionsverhandlungen mit FDP und DP führten – wenn auch in teils zähen Gesprächen – schließlich zum Erfolg. So konnte sich Adenauer am 15. September 1949 zur Wahl zum Bundeskanzler stellen und im ersten Wahlgang 202 Stimmen gewinnen – das absolute Minimum. Seine Reaktion auf das knappe Wahlergebnis – «Et hett noch immer jut jejange!» – ließ die Anspannung der Situation erkennen. Am 20. September wurde dann das Kabinett vereidigt, und der frisch gebackene Kanzler verlas vom Rednerpult des Bundestages aus seine erste Regierungserklärung.

In bewusster Abkehr von der Weimarer Verfassung hatte das Grundgesetz dem Regierungschef eine starke Stellung gegeben. Das Vorschlagsrecht lag zunächst einmal beim Bundespräsidenten; erhielt sein Kandidat im ersten Wahlgang keine Mehrheit im Bundestag, ging das Vorschlagsrecht auf das Parlament über. Damit war es dem Staatsoberhaupt nicht möglich, dem Parlament einen Kanzler aufzuzwingen. Entscheidender noch für den Versuch zur Stabilisierung der parlamentarischen Regierung mit verfassungspolitischen Mitteln war die Einführung des konstruktiven Misstrauensvotums, dessen Grundgedanke darin bestand, den Sturz der Regierung durch das Parlament nur zuzulassen, wenn gleichzeitig ein neuer Kanzler gewählt wurde. Mit dieser Bestimmung sollte der Regierungschef vor der Abwahl durch heterogene Parlamentsmehrheiten geschützt und seine Führungsrolle herausgestrichen werden. Schließlich stand ihm die Auswahl der Minister, die Entscheidung über den Zuschnitt der Ressorts und generell die Kompetenz zu, die «Richtlinien der Politik» zu bestimmen und deren Einhaltung durchzusetzen.

In der praktischen Politik wurden der starken Stellung des Kanzlers bereits durch die Koalitionssituation Schranken gesetzt. Nicht nur die regionalen und gruppenspezifischen Interessen innerhalb der eigenen Partei galt es zu berücksichtigen, auch die Schwesterpartei CSU sowie die beiden Koalitionspartner

Adenauer vor der Stimmabgabe zur Kanzlerwahl
am 15. September 1949

meldeten personelle und inhaltliche Wünsche an. Dies hatte sich bereits in den Koalitionsverhandlungen und bei der Auswahl der Minister gezeigt, als die Vorstellungen des designierten Kanzlers in manchem Fall mit den Anliegen der Gesprächspartner kollidierten. Während die Besetzung des Wirtschaftsministeriums mit Ludwig Erhard wenig strittig war, hatten beispielsweise Innenminister Heinemann oder Arbeitsminister Storch von Anfang an nicht zu seinen favorisierten Kandidaten gezählt, und auch die Einbindung der Vorsitzenden der Koalitionsparteien in die Regierungsmannschaft – und zwar möglichst an prominenter Stelle – schränkte die Gestaltungsmöglichkeiten des Regierungschefs ein.

Der Kanzler zeigte sich von Anfang an entschlossen, das Kabinett mit starker Hand zu führen. Durch längere Ausführungen zu Beginn der Sitzungen suchte er nicht selten den thematischen Rahmen abzustecken und das Ziel der Debatte vorzugeben. Der zügigen und disziplinierten Diskussion diente auch seine Gesprächsleitung, wenngleich er kontroverse Wortwechsel nicht abschneiden wollte, schon um ein Aufbrechen des Dissenses bei anderer Gelegenheit möglichst zu vermeiden. Die im Grundgesetz vorgegebene Richtlinienkompetenz legte Adenauer extensiv aus. Mahnungen an einzelne Minister, sich in die Kabinettsdisziplin zu fügen, waren zwar selten, dann aber drastisch: «Ihr ganzes Verhalten ist unmöglich ... Sie verkennen völlig das Wesen einer Bundesregierung. Es hat kein Bundesminister das Recht, in entscheidenden Fragen Politik auf eigene Faust zu treiben und sich gegen die Beschlüsse des Kabinetts oder die Richtlinien des Bundeskanzlers ... zu wenden.» So barsch und ohne Grußformel in einem Schreiben an Wirtschaftsminister Erhard. Auch auf sein verfassungsmäßiges Recht, die Kabinettsmitglieder nicht nur zu berufen, sondern sie auch ohne Angabe von Gründen jederzeit zu entlassen, wies er gegenüber Erhard und anderen Ministern hin. Praktizieren ließ sich ein solcher Schritt, wie ihm bewusst war, allerdings nur mit hohen politischen Kosten, sodass er ihn auch nie vollzogen hat.

Zum zentralen Scharnier für die Regierungspolitik entwickelte sich das Bundeskanzleramt. Eingerichtet zu dem Zweck,

Konrad Adenauer mit Walter Hallstein in Bonn, Januar 1959

den Kanzler über die aktuellen politischen Fragen zu unterrichten, wurden hier die Entscheidungen der Regierung vorbereitet, ihre Durchführung kontrolliert und die Arbeit der Ministerien koordiniert. Da Adenauer das Amt hinsichtlich seiner Funktion und Gliederung nach seinen Vorstellungen aufbauen und auf seinen Führungsstil zuschneiden konnte, war es während seiner gesamten Amtszeit das entscheidende Instrument seiner Regierungsführung. Die dort tätigen engsten Mitarbeiter – Hans Globke, Walter Hallstein, Herbert Blankenhorn, Felix von Eckardt – erwiesen sich als wichtige Stützen des Regierungschefs. Ihnen oblagen nicht nur die Koordination des Regierungshandelns und die Kontakte zu den einzelnen Ministerien; genauso wichtig war ihre Rolle als Ratgeber Adenauers sowie als Ausführende seiner politischen Initiativen und Vorstellungen. Vor allem Hans Globke, angesichts seiner Mitwirkung an der Kommentierung der Nürnberger Rassengesetze nicht unumstritten, erwies sich als leistungsfähige, vielseitig einsetzbare rechte Hand des Kanzlers. Die Wirksamkeit und Effizienz des zahlenmäßig eher kleinen Mitarbeiterstabes im Palais Schaumburg, wo man praktisch Tür an Tür saß, wurde von den Zeitgenossen wie von späteren Beobachtern immer wieder unterstrichen.

Innerhalb des Bundeskanzleramtes entstanden auch verschiedene «Dienststellen», die zum Kern späterer Bundesministerien werden sollten. Dies war zum einen die «Dienststelle für Auswärtige Angelegenheiten» mit Hallstein und Blankenhorn an der Spitze, die – da die Alliierten die Schaffung eines Außenministeriums bis auf Weiteres nicht erlaubten – den Rahmen für Adenauers außenpolitische Aktivitäten bildete. Von nicht geringerer Bedeutung war die «Dienststelle Blank», die sich dem Feld der militärischen Sicherheit und insbesondere Fragen eines westdeutschen Wehrbeitrags widmete. Damit standen dem Regierungschef innerhalb des Bundeskanzleramts zusätzliche Arbeitsinstrumente zur Verfügung, die es ihm ermöglichten, an der Schnittstelle der Beziehungen zu den Westalliierten und der künftigen außenpolitischen Rolle der Bundesrepublik die Fäden in der Hand zu halten.

Ein entscheidender Faktor für die Ausprägung von Adenauers «Kanzlerdemokratie» waren auch dessen privilegierte Beziehungen zu den Alliierten Hohen Kommissaren. Dieser «Nebenregierung auf dem Petersberg» hoch über Bonn standen nach wie vor weitgehende Interventions- und Genehmigungsrechte zu, insbesondere im Bereich von auswärtigen Angelegenheiten, Außenhandel, Ruhrkontrolle und Demontagen, aber auch in vielen innenpolitischen Fragen. Der Bundeskanzler war der zentrale Verhandlungspartner der Alliierten Hohen Kommission. Dies unterstrich nicht nur seine herausgehobene Position gegenüber dem Kabinett, über diese exklusiven Kontakte hinaus verfügte er auch über spezifische Informationen zu politischen Zielen und Absichten der Westalliierten, die er im Regierungsalltag zu seinen Gunsten ausspielen konnte. In politisch umstrittenen Fragen wie etwa der Westintegration der Bundesrepublik oder der Wiederbewaffnung konnte Adenauer so an Kabinett und Öffentlichkeit vorbei die entscheidenden Punkte mit den drei Hochkommissaren beraten und in Zusammenarbeit mit ihnen durchsetzen.

Die Unterstützung der Koalitionsfraktionen für die Regierungspolitik zu sichern, war unerlässlich, wenn auch diffizil. Die Klagen der Abgeordneten, dass die Zusammenarbeit mit dem Kabinett wenig zufriedenstellend sei und der Informationsfluss sowie generell die Kooperation zu wünschen übrig lasse, verstummten nicht. Dem suchte Adenauer durch regelmäßige Anwesenheit in der Unionsfraktion, nicht selten begleitet von umfangreichen Lageberichten, entgegenzutreten, doch blieb dies ein heikler Punkt. Insbesondere in außenpolitischen Fragen sahen sich die Abgeordneten überfahren und vor vollendete Tatsachen gestellt und so zu einem Hilfsorgan der Regierung degradiert; in innenpolitischen Anliegen ließ ihnen der Kanzler zwar größere Gestaltungsspielräume, doch wusste er auch hier in kritischen Punkten seinen Willen durchzusetzen.

Die zentrale Person, um das Einvernehmen zwischen Regierung und Koalitionsabgeordneten herzustellen, war der Vorsitzende der Unionsfraktion. In Heinrich von Brentano und – mehr noch – seinem Nachfolger Heinrich Krone fand Adenauer Mitarbeiter, die sich eher als Mittler zwischen Parlament und Regierung und nicht primär als Vertreter der Fraktionsinteressen verstanden. In den Beraterkreis um den Regierungschef eingebunden, agierten sie nicht selten als Transmissionsriemen von dessen Ansichten und Impulsen in die Fraktion hinein, was gelegentlich den Widerspruch dort eher anheizte. «Das Fegefeuer ist für mich, wenn ich in die Fraktion muss», äußerte Adenauer einmal gegenüber dem damaligen Bundestagspräsidenten Eugen Gerstenmaier. Dies lässt zwar die Anspannung erkennen, die er in dieser Situation verspürte, doch gelang es dem Kanzler durch seine persönliche Autorität und seine unbestrittene politische Führungsrolle, sich auch in kritischen Situationen zu behaupten und die Koalitionsfraktionen auf seine Linie zu bringen.

Als hohe Zeit von Adenauers «Kanzlerdemokratie» gelten die zweite und die dritte Wahlperiode, als er – unterstützt von einer breiten Mehrheit im Bundestag – seine politischen Konzeptionen machtvoll vorantreiben und die politische Bühne in Bonn weitgehend dominieren konnte. Auch in der Bevölkerung genoss die Gestalt des hageren 80-Jährigen Respekt und Anerkennung. Wie der scharfsinnige Schweizer Beobachter der jungen Bundesrepublik, Fritz René Allemann, schon Mitte der fünfziger Jahre konstatierte, verdankten die Deutschen dem ersten Bundeskanzler die Einsicht, «daß Demokratie und Autorität einander nicht ausschließen». Sein patriarchalischer Führungsstil wurde in der von Autoritätsbedürfnis und Obrigkeitsorientierung noch immer geprägten politischen Mentalität gut aufgenommen. Sein Alter wie sein energisches Auftreten verliehen ihm Respekt und Würde. Seine bis ins Kaiserreich zurückreichende Biografie gewährte Älteren Anknüpfungspunkte und gemeinsame Erfahrungshorizonte. Der jüngeren Generation, vom Dritten Reich verschlissen, bot er Standortbestimmung und Orientierung. Damit leistete er einen entscheidenden Beitrag zur Verwurzelung der Demokratie in Deutschland.

Adenauers politischer Umgang mit der nationalsozialistischen Vergangenheit ist nicht mit schnellen Strichen nachzuzeichnen. Über den Unrechtscharakter des Dritten Reiches und die Verstrickung der Bevölkerung in dessen Verbrechen bestanden für ihn keine Zweifel. Wie er im Februar 1946 gegenüber einem Bonner Pfarrer betonte, habe sich «das deutsche Volk ... fast widerstandslos, ja zum Teil mit Begeisterung ... gleichschalten lassen. Darin liegt seine Schuld. Im übrigen hat man aber auch gewußt – wenn man auch die Vorgänge in den Lagern nicht in ihrem ganzen Ausmaß gekannt hat –, daß die persönliche Freiheit, alle Rechtsgrundsätze, mit Füßen getreten wurden, daß in den Konzentrationslagern große Grausamkeiten verübt wurden, daß die Gestapo, unsere SS und zum Teil auch unsere Truppen in Polen und Rußland mit beispiellosen Grausamkeiten gegen die Zivilbevölkerung vorgingen. Die Judenpogrome 1933 und 1938 geschahen in aller Öffentlichkeit ... Man kann also wirklich nicht behaupten, daß die Öffentlichkeit nicht gewußt hat, daß die nationalsozialistische Regierung und die Heeresleitung ständig aus Grundsatz gegen das Naturrecht, gegen die Haager Konvention und gegen die einfachsten Gebote der Menschlichkeit verstießen». Dennoch sah er die Entnazifizierungspolitik der Westalliierten, insbesondere gegenüber «Mitläufern», denen keine persönliche Schuld nachgewiesen werden konnte, mit Skepsis, drohte diese doch «die Leute geradezu einem verstiegenen Nationalismus in die Arme» zu treiben. Wesentlich wichtiger erschien ihm demgegenüber «die Befreiung des deutschen Geistes von den Grundanschauungen, aus denen der Nationalsozialismus erwachsen ist». Dies jedoch war in seinen Augen eine Aufgabe der Politik und der politischen Führung.

Neben dieser prinzipiellen Kritik an der bisherigen Auseinandersetzung mit dem Nationalsozialismus spielten hier für Adenauers Verhalten allerdings auch taktische Überlegungen eine Rolle. Das Millionenheer aus ehemaligen Parteigenossen, Soldaten, Internierten und entlassenen Beamten, selbst bereits verurteilte NS-Täter sollten für das demokratische System gewonnen und in den neuen Staat integriert werden, um so die gesellschaftliche Ordnung zu stabilisieren. Hier war letztlich auch die eigene Partei gefordert, dieser Personengruppe eine politische Heimat zu bieten und sie vom Wechsel zu rechtsradikalen Konkurrenten abzuhalten. Vor diesem Hintergrund erklären sich auch verschiedene Amnestiegesetze der frühen fünfziger Jahre, zudem die Rehabilitation und Versorgung der «131er», also der «verdrängten» Beamten und Wehrmachtsangehörigen, sowie bestimmte Maßregeln zur Einschränkung der Strafverfolgungsmöglichkeiten. In der Konsequenz dieser Politik lag auch Adenauers Bereitschaft – mit dem Argument, auf ihre Fachkompetenz nicht verzichten zu können –, «belastete» Beamte in die nun entstehende Ministerialbürokratie zu übernehmen, ja selbst in der personellen Zusammensetzung des Kabinetts mit Theodor Oberländer und Waldemar Kraft höchst umstrittene Kandidaten als Ressortchefs zu akzeptieren.

Die Anerkennung der deutschen Schuld am Völkermord an den europäischen Juden und der Versuch einer «Wiedergutmachung» des ihnen zugefügten Leids bargen ebenfalls eine taktische Komponente, nämlich die Hoffnung, über diesen Schritt den Weg aus der Ächtung zurück in die Völkergemeinschaft und zu einer guten internationalen Reputation zu finden. Neben dieses Gebot politischer Klugheit trat für Adenauer aber mindestens gleichrangig die moralische Pflicht, sich dem Verbrechen an den Juden zu stellen und erste Schritte auf die Überlebenden zu zu machen. Für das Wiedergutmachungsabkommen, das 1951/52 zwischen der Bundesrepublik und dem Staat Israel sowie der *Conference on Jewish Material Claims against Germany* ausgehandelt wurde, hat sich der Kanzler deshalb sehr persönlich und sehr entschieden eingesetzt – gegen heftigen Widerstand in der westdeutschen Öffentlichkeit, aber auch innerhalb seiner eigenen Partei. Wie er hierzu im Bundestag anlässlich der ersten Lesung des Ratifikationsgesetzes ausführte, sei «dieser Akt der Wiedergutmachung durch das deutsche Volk notwendig. Denn unter Mißbrauch des Namens des deutschen Volkes sind die Untaten begangen worden ... Die Juden, nicht nur in Deutschland, sondern überall, wohin der Arm des Nationalsozialismus reichte – und das war lange Zeit während des Krieges der größte Teil von Europa –, haben die grausamste Verfolgung über sich ergehen lassen müssen. Das Ausmaß dieser Verfolgung, die Opfer an Menschen und materiellen Werten, die sie zur Folge hatte, rechtfertigt nicht nur, sondern sie verlangt eine Sonderbehandlung der Wiedergutmachung an den jüdischen Verfolgten.» Dieser moralischen Pflicht stellte sich die Bundesregierung mit dem Wiedergutmachungsabkommen.

Prägte der Bundeskanzler die Außenpolitik des westdeutschen Staates in hohem Maße, so ließ er in innenpolitischen Fragen dem Bundestag wie dem Kabinett einen größeren Spielraum, ohne hierbei allerdings die Fäden völlig aus der Hand zu geben. Die ersten Jahre nach der Gründung der Bundesrepublik standen ohnehin eher unter dem Primat einer Nothilfe- und Gründungsgesetzgebung, um nach Krieg und Besatzung, persönlichem Leid und materieller Not die Fundamente für das neue Gemeinwesen zu legen. Marksteine dieser sozialpolitischen Grundlegungsarbeit waren das Bundesversorgungsgesetz, das den Kriegsopfern, rund viereinhalb Millionen Personen, die erste geregelte Hilfe brachte, das Bundesentschädigungsgesetz, das sich den Opfern der nationalsozialistischen Diktatur zuwandte, erste Rentengesetze, die sich der bedrückenden Lage der Sozialrentner annahmen, sowie schließlich die Lastenausgleichsgesetzgebung. Angesichts von fast zehn Millionen Vertriebenen, die in die Westzonen geflüchtet waren, sollte mit diesem Hilfs- und Entschädigungsprogramm deren unmittelbare Not gelindert und der Weg zu ihrer Integration in die westdeutsche Gesellschaft geebnet werden. Als der Streit, ob man stärker auf eine quotale Entschädigung für die erlittenen Vermögensverluste oder eher auf eine die sozialen Unterschiede einebnende Umverteilung setzen sollte, eskalierte, der Vertriebenenflügel der Unionsparteien gar mit Abspaltung drohte, schaltete sich auch der Kanzler zugunsten eines Kompromisses ein; er war zwar dem Grundsatz der Quotenregelung verpflichtet, räumte aber in den Modalitäten der Auszahlung sozialen Belangen den Vorrang ein.

Diese intervenierende und gestaltende Hand Adenauers zeigte sich auch in der Mitbestimmungsfrage. Die institutionelle Beteiligung der Arbeitnehmer an der Leitung und Organisation ihres Betriebes war eine Forderung, der die Bundesregierung nicht ausweichen wollte. Der entscheidende Konfliktpunkt war der Anspruch der Gewerkschaftsseite auf die gleichberechtigte, paritätische Mitwirkung von Arbeitnehmervertretern in den Aufsichtsräten der entsprechenden Unternehmen, was nicht nur auf heftigen Widerspruch der Arbeitgeberseite stieß, sondern auch zu Konflikten innerhalb der Regierungskoalition führte. Um die Gewerkschaften in anderen Fragen, nämlich der Schaffung der Montanunion und der Wiederbewaffnung, zu einer konstruktiven Haltung zu bewegen, intervenierte auch hier der Kanzler und brachte schließlich eine Lösung zustande: In der Montanindustrie wurde 1951 die paritätische Mitbestimmung eingeführt, während in den restlichen Wirtschaftszweigen 1952 eine unterparitätische Regelung, nämlich eine Drittelbeteiligung, vereinbart wurde. Das erste dieser Gesetze setzte Adenauer sogar gegen die Koalitionspartner FDP und DP mit den Stimmen von Unions- und SPD-Fraktion durch, was die Regierung an den Rand des Bruchs führte; das zweite, das Betriebsverfassungsgesetz, wurde im Rahmen der Koalition verabschiedet.

Mit der Konsolidierung der wirtschaftlichen Lage konnte die Bundesregierung in ihrer Sozialpolitik ab der zweiten Legislaturperiode dann stärker politisch-programmatische Akzente setzen. Hierzu gehörte der Wohnungsbau, wo mit dem Konzept des Familieneigenheims nicht nur das christdemokratische Familienideal untermauert, sondern auch die Eigentumsbildung in breiten Schichten der Bevölkerung gefördert werden sollte. Ersterem Ziel diente auch die Einführung des Kindergeldes, mit dem kinderreiche Familien einen Ausgleich für ihre finanziellen Belastungen erhalten sollten. Als Instrument zur Stabilisierung der Nachkriegsgesellschaft und zur Existenzsicherung der Rentner und Invaliden war auch eine umfassende Sozialreform geplant. Die Umsetzung eines so anspruchsvollen Vorhabens erwies sich jedoch konzeptionell wie zeitlich als nicht realisierbar, sodass man sich – nicht zuletzt auf Initiative des Kanzlers – auf einen Teilbereich, nämlich die Reform der Alterssicherung, konzentrierte. Mit der Koppelung der Renten an die Entwicklung der Bruttolöhne, der sogenannten «dynamischen Rente» für Arbeiter und Angestellte – auch diese Weichenstellung wurde vom Regierungschef entscheidend unterstützt –, war nicht nur eine erhebliche Erhöhung der bisherigen Leistungen verbunden, sondern es änderte sich auch die Funktion der Rente: Sie sollte nicht mehr nur ein «Zubrot» im Alter sein, sondern als «Lohnersatz» den einmal erreichten Lebensstandard des Versicherten aufrechterhalten.

Die Einführung der «dynamischen Rente», die nicht zuletzt Adenauers überlegenen Wahlsieg 1957 ermöglicht hatte, war das Glanzstück, aber in gewisser Weise auch der Gipfelpunkt des Ausbaus des bundesdeutschen Wohlfahrtsstaates. Danach wurde der Weg steiniger, gestalteten sich die finanziellen Spielräume enger. Zudem erschwerten Grundsatzdiskussionen darüber, ob Selbsthilfe und Eigenverantwortung, das heißt das Subsidiaritätsprinzip, oder staatliche (steuerfinanzierte) Leistungen Vorrang haben sollten, politische Einigungen. Die Schnürung eines «Sozialpakets» mit einer Reform des Gesundheitswesens, dem Ausbau der Familienpolitik und anderen sozialpolitischen Reformvorhaben erwies sich angesichts heftiger Auseinandersetzungen innerhalb der Koalition sowie einer sich verhärtenden Blockadefront der Interessenvertreter als nicht durchsetzbar, sodass es aufgeknotet und in Einzelteile zerlegt werden musste. Die nun verabschiedeten Maßnahmen – insbesondere das gesetzliche Krankengeld für Arbeiter, die Altershilfe für Landwirte, das Handwerkerversorgungs- und das Bundessozialhilfegesetz – ergänzten zwar das zuvor Erreichte, erwiesen sich in ihrer expansiven Dynamik jedoch als zweischneidig und bewirkten angesichts der sie begleitenden Verteilungskämpfe auch nicht den erhofften (wahl)politischen Erfolg.

Mit dem Ausbau des westdeutschen Wohlfahrtsstaates knüpfte der Bundeskanzler an die starken sozialstaatlichen Traditionen seit dem Kaiserreich an, trug aber auch dem durch Krieg und Kriegsfolgen hervorgerufenen Verlangen nach materieller Sicherheit Rechnung und schuf nicht zuletzt ein Instrument der Stabilisierung der Nachkriegsgesellschaft mit ihren vielen Verwerfungen. Zudem sollte in seinen Augen eine ökonomisch und sozialpolitisch attraktive Bundesrepublik in der Systemkonkurrenz vor der DDR liegen und eine Magnetwirkung auf die ostdeutsche Bevölkerung entfalten. Dies alles machte den besonderen Stellenwert der bundesdeutschen Sozialpolitik aus.

Getragen und begleitet wurde diese Entwicklung von dem anhaltenden Wirtschaftswachstum der fünfziger Jahre. Das Konzept der Sozialen Marktwirtschaft, in den Düsseldorfer Leitsätzen vom 15. Juli 1949 zum wirtschaftspolitischen Programm der CDU erhoben und vor den ersten Bundestagswahlen ein zentrales Element ihres Wahlkampfs, wurde auch für die neue Bundesregierung die Leitidee ihrer Wirtschaftspolitik. Hierbei sollte der Freiheit, auch der wirtschaftlichen Freiheit und dem Wettbewerb, eine zentrale Dimension zukommen, da nur vor diesem Hintergrund die wirtschaftlichen Kräfte sich voll entfalten konnten. Gleichzeitig sollten die Marktprozesse durch einen starken, von den Gruppeninteressen unabhängigen Staat eingegrenzt werden. Ihm wurde die Aufgabe zugewiesen, einen gesetzlichen Ordnungsrahmen für den wirtschaftlichen Wettbewerb zu schaffen, durch den das Spiel der Marktkräfte begrenzt, das Gemeinwohl zur Geltung gebracht und soziale Belange gewahrt werden würden. Dennoch waren die Anfänge der westdeutschen Wirtschaftsentwicklung von einer «Gründungskrise» mit hoher Arbeitslosigkeit und schwacher Binnenkonjunktur geprägt; erst im Gefolge des weltweiten Booms, der nach Ausbruch des Koreakrieges im Juni 1950 einsetzte, konnten die Wachstumskräfte sich entfalten und schließlich in das «Wirtschaftswunder» einmünden.

Repräsentant der Sozialen Marktwirtschaft und als «Vater des Wirtschaftswunders» gepriesen war Wirtschaftsminister Ludwig Erhard. Schon im Frankfurter Wirtschaftsrat hatte Adenauer den parteilosen Franken als Direktor für Wirtschaft durchgesetzt und ihn wie sein ordoliberales Konzept innerhalb der CDU zur Geltung gebracht. Dies war mehr als eine taktische Allianz, da Erhard wirtschaftspolitische Vorstellungen propagierte, die Adenauer selbst favorisierte. Aus diesem Aktionsbündnis wurde dann ein insgesamt produktives, wenn auch immer wieder durch Zusammenstöße gekennzeichnetes Spannungsverhältnis zwischen einem machtbewussten Kanzler und einem grundsatzfesten, dem politischen Kompromiss nicht immer aufgeschlossenen Wirtschaftsminister. Vor allem als zu diesen Temperamentsunterschieden gegen Ende der fünfziger Jahre

Adenauer und Erhard auf dem Bundesparteitag der CDU in Düsseldorf, 28.–31. März 1965

der Machtkonflikt hinzutrat, wurde aus Zusammenarbeit eher Konkurrenz, ja Rivalität.

Die Politik der Sozialen Marktwirtschaft konnte im Rahmen der «bürgerlichen» Koalition in Bonn, die den linken Flügel der CDU schwächte und den wirtschaftsliberalen Flügel zum Scharnier mit der FDP machte, dann erfolgreich praktiziert werden. Sie war nicht nur ein ordnungspolitisches Grundkonzept, das die Freiheit der Marktkräfte mit dem Prinzip des sozialen Ausgleichs verband, sondern bot zudem eine Plattform, um sich gegen die wirtschaftspolitischen Ansätze der SPD abzugrenzen und – nicht weniger wichtig – um ein Gegenmodell zu dem planwirtschaftlichen Sozialismus in der DDR präsentieren zu können. Gerade für Adenauers Wirtschaftspolitik spielte die ost-westliche Systemkonkurrenz eine zentrale Rolle.

Der spektakuläre Aufschwung im Rahmen des «Wirtschaftswunders» schuf nicht zuletzt auch die Voraussetzungen für die sozialpolitische Grundlagengesetzgebung sowie für die rasche politische, wirtschaftliche und gesellschaftliche Eingliederung der Heimatvertriebenen und der in den fünfziger Jahren weiterhin zuströmenden Flüchtlinge aus der DDR. Zwischen 1950 und 1960 verdoppelte sich das Bruttosozialprodukt und zwischen 1950 und 1963 die Nettoreallöhne – fast allen im Lande ging es immer besser. Der zunehmende Massenwohlstand ebnete tradierte Schichten- und Klassenunterschiede ein, veränderte Lebensstile und Arbeitswelt, bedeutete gerade für die unteren Einkommensgruppen den «Abschied von der ‹Proletarität›» (Josef Mooser). Der Weg in die Konsum- und Freizeitgesellschaft der sechziger Jahre zeichnete sich augenfällig ab.

Die Erfahrung, dass Demokratie und Wohlstand miteinander vereinbar waren, hat die Einwurzelung der neuen politischen Ordnung in Westdeutschland stark begünstigt und sozialen oder politischen Protest marginalisiert. Und diese Verbindung von funktionstüchtiger parlamentarischer Demokratie und Sozialer Marktwirtschaft verkörperte in hohem Maße der erste Bundeskanzler. Gewiss, Adenauer war kein «Erzieher zur Demokratie», er pflegte einen autoritären Führungsstil, ging nicht selten mit politischer Skrupellosigkeit vor und war von seinem Naturell her ein großer Polarisierer. Der Umgang mit anderen Verfassungsorganen, mit dem politischen Gegner, teils sogar mit den eigenen Parteifreunden war eher schroff und brüskierend und von der Absicht getragen, den eigenen Willen durchzusetzen. Dennoch ist dem Urteil Peter Graf Kielmanseggs zuzustimmen, dass ohne Adenauers Führungsleistung, ohne seine Fähigkeit, dem neugegründeten Staat eine Richtung zu weisen und Zustimmung zu mobilisieren, diese Anerkennung und breite Akzeptanz der neuen Staatsform nicht zu denken sei. Dass die zweite deutsche Demokratie in ihrem ersten Jahrzehnt von einem starken Kanzler regiert wurde, dem rasch eine überragende Autorität zuwuchs, habe ihr, bei allen Ambivalenzen im Einzelfall, geholfen und nicht geschadet.

Deshalb trifft die sogenannte Restaurationsthese auch nicht ins Schwarze, die Behauptung also, man habe die «Stunde Null» im Jahr 1945 nicht zu einer grundlegenden Neuordnung in Politik, Wirtschaft und Gesellschaft genutzt, sondern Traditionen und Entwicklungen, die aus dem späten 19. Jahrhundert, erst recht aber aus der ersten Hälfte des 20. Jahrhunderts kamen, adaptiert und fortgesetzt. Gewiss, die Verfassungsväter und -mütter bezogen sich in der Beratung des Grundgesetzes in vielfacher Hinsicht auf die Weimarer Republik, tarierten die neue politische Ordnung jedoch so aus, dass zu Recht konstatiert worden ist, sie hätten «in wesentlichen Teilen einen radikalen Bruch mit der deutschen Verfassungsgeschichte ... [vollzogen] und Kernelemente der angelsächsischen Tradition» aufgegriffen (Manfred Görtemaker). Dies setzte sich in der politischen Ausgestaltung der «Kanzlerdemokratie» durch Adenauer fort. Auch das neue marktwirtschaftliche System enthielt nicht nur deutlich weniger staatsinterventionistische Züge als seine Vorläufer oder die Wirtschaftsordnungen der westeuropäischen Nachbarstaaten; als Soziale Marktwirtschaft wollte es zudem individuelles Profitstreben mit gesellschaftlichem Verantwortungsbewusstsein und der Absicherung der schwächeren Mitglieder der Gesellschaft verbinden.

Auch das Bild von den «muffigen Fünfzigern» ist mittlerweile durch neuere Untersuchungen widerlegt. Die Wiederaufbauleistungen der Adenauer-Ära waren alles andere als rückwärtsgewandt, vielmehr wie in kaum einer anderen Phase der jüngeren deutschen Geschichte innovativ und im positiven Sinne gestaltend. Deshalb werden diese Jahre inzwischen als Zeit des Aufbruchs, als Anschubperiode zur politisch-ökonomischen Verwestlichung Deutschlands sowie als Formationsphase und Inkubationszeit für Liberalisierungs- und Wandlungsprozesse des kommenden Jahrzehnts angesehen. Selbst sozialkulturelle Prägungen und Werthaltungen begannen aufzubrechen, wenngleich in diesem Bereich traditionelle Orientierungen – etwa beim Frauen- und Familienbild, bei Erziehungsstil und Bildungssystem – noch am ehesten spürbar blieben. Erich Kästners zeitgenössische Metapher vom Lebensstil des «motorisierten Biedermeier» betont diese Rückwärtsgewandtheit wohl doch zu sehr. Der gravierendste Makel dieser Jahre war ohne Frage das Ausbleiben eines öffentlichen Diskurses über die NS-Vergangenheit.

Gelten die mittleren fünfziger Jahre als die hohe Zeit von Adenauers «Kanzlerdemokratie», so zeigten sich gegen Ende dieses Jahrzehnts Risse im so festgefügten Bild des Gründungkanzlers, schienen sein politischer Spürsinn und seine politische Dominanz nachzulassen, kamen in der Öffentlichkeit Diskussionen zur Regelung seiner Nachfolge auf. Äußerer Anlass war die «Präsidentschaftsposse» (Hans-Peter Schwarz), als sich Adenauer im Frühjahr 1959 als Nachfolger von Theodor Heuss im Amt des Bundespräsidenten ins Spiel brachte, nach einigen Wochen aber einen Rückzieher machte. Überlegungen, wer ein möglicher Nachfolger im Kanzleramt sein könne, hatte er im engsten politischen Beraterkreis schon seit einiger Zeit angestellt – durchaus naheliegend für den über 80-Jährigen angesichts gesundheitlicher Probleme und der Strapazen des Amtes. Allerdings erschien ihm keiner der potenziellen Kandidaten fähig, in seine politischen Fußstapfen zu treten und den inneren wie äußeren Kurs der Bundesrepublik in seinem Sinne fortzusetzen. Sein Wechsel ins Präsidentenamt schien den Stuhl des Kanzlers für den Falschen freizumachen. So zog Adenauer, als deutlich wurde, dass sich die Unionsfraktion im Bundestag auf Ludwig Erhard als neuen Kanzler festlegen würde, seine Kandidatur postwendend zurück. In einem Schreiben an den Fraktionsvorsitzenden, Heinrich Krone, machte er seine Motive deutlich: «Herr Erhard ist der beste Wirtschaftsminister, den wir uns haben wünschen können ... Aber auf dem so empfindlichen und gefährlichen Gebiete der Außenpolitik hat er keine Erfahrungen ... So ausgezeichnet Herr Erhard als Wirtschaftsminister ist, so gefährlich würde bei den immer stärker werdenden außenpolitischen Gefahren ... seine Wahl zum Bundeskanzler sein, da er ja als solcher die Richtlinien der Außenpolitik ... bestimmen ... muß.» Deshalb bleibe ihm keine andere Wahl, als auf die Präsidentschaftskandidatur zu verzichten.

Dieses Spiel mit dem höchsten Staatsamt und der herabwürdigende Umgang mit seinem langjährigen politischen Weggefährten Erhard haben Adenauer nachhaltig geschadet. Sein Ansehen in der Öffentlichkeit wie in der eigenen Partei sank deutlich. Dies zeigte sich auch in den nächsten Bundestagswahlen

1961: Während die Unionsparteien 1957 mit 50,2 Prozent der abgegebenen Stimmen mehr als die absolute Mehrheit erreicht hatten, fielen sie nun auf 45,3 Prozent zurück und mussten mit einem potenziellen Koalitionspartner FDP verhandeln, der im Wahlkampf deutlich gemacht hatte, dass er zwar zurück in eine bürgerliche Koalition strebe, aber doch den Zeitpunkt für einen Kanzlerwechsel gekommen sehe. War schon die Präsidentschaftskrise zu einem nicht geringen Teil von der Nachfolgefrage geprägt gewesen, so suchten sich jetzt zudem einige ins Kanzleramt strebende Parteifreunde in Position zu setzen und den greisen Regierungschef politisch zu beerben. Retten konnte der 85-Jährige sich schließlich durch zwei Manöver: Zum einen näherte er sich der SPD und der Idee einer Großen Koalition an, was die FDP zum Einlenken zwang, zum anderen sagte er dem Bundesvorstand seiner Partei zu, sich im Falle seiner erneuten Wahl zum Kanzler nach zwei Jahren, also zur Mitte der Legislaturperiode, zurückzuziehen. Diese Zusicherung – allerdings ohne Andeutung eines konkreten Zeitpunkts – wiederholte er in einem Brief an den Vorsitzenden der Unionsfraktion. Von nun an war er ein Kanzler auf Abruf.

Eine weitere Erosion seiner Autorität brachte die «Spiegel»-Affäre. Das Hamburger Magazin hatte am 10. Oktober 1962 unter dem Titel «Bedingt abwehrbereit» einen Bericht über ein kurz zuvor abgehaltenes NATO-Stabsmanöver veröffentlicht, der erhebliche Mängel in Aufbau und Ausrüstung der Bundeswehr konstatierte. Das für den Beitrag verwendete Material war so detailliert, dass sofort der Verdacht aufkam, dem Verfasser müssten geheime und sogar streng geheime Dokumente vorgelegen haben; das Magazin und seine Informanten hätten sich somit des Landesverrats schuldig gemacht. Die Ermittlungen der Bundesanwaltschaft führten Ende Oktober zu Haftbefehlen gegen den Herausgeber des «Spiegel» und den zuständigen Redakteur sowie gegen weitere Personen und zur Durchsuchung der Redaktionsräume der Zeitschrift.

Auch wenn die Affäre juristisch letztlich folgenlos blieb, war ihre politische Wirkung gravierend. Die FDP und der von ihr gestellte Justizminister, den man nicht über die geplanten Maßnahmen informiert hatte, fühlten sich brüskiert und verlangten personelle Konsequenzen, insbesondere den Rücktritt von Verteidigungsminister Franz Josef Strauß. Als Adenauer sich weigerte, dem zu entsprechen, zogen die Liberalen ihre Minister aus dem Kabinett zurück, um so eine Regierungsneubildung ohne den CSU-Vorsitzenden zu erzwingen. Hier nun zeigte sich die SPD als Helfer in der Not und bot den Christdemokraten Gespräche über die Bildung einer Großen Koalition an. Adenauer ging auf diese willkommene Offerte ein, Anfang November kam es zu ersten Koalitionsverhandlungen zwischen beiden Parteien. In Vorgesprächen hatte sich das Vorhaben, in Westdeutschland ein Mehrheitswahlrecht nach englischem Vorbild einzuführen, als zentrales politisches Projekt eines solchen Bündnisses abgezeichnet, doch zeigte sich nun, dass die Sozialdemokraten eine Festlegung in der Wahlrechtsfrage vermeiden wollten, was aus Unionssicht die Attraktivität einer Großen Koalition nachhaltig minderte. Dennoch hatten diese Wahlrechtsdiskussionen die Bereitschaft der FDP erhöht, an den Kabinettstisch zurückzukehren, und da Strauß erkennen ließ, dass an ihm ein neues Regierungsbündnis nicht scheitern werde, konnte Adenauer nun rasch ein Kabinett nach bewährtem Muster zusammenstellen und damit die Krise beenden. Gleichzeitig legte er sich darauf fest, am Ende der parlamentarischen Sommerpause zurückzutreten.

Am 15. Oktober 1963 war es dann soweit: Nach einer Reihe von Abschiedsbesuchen und Veranstaltungen, darunter eine Feldparade der Bundeswehr in Wunstorf bei Hannover, wurde er in einer feierlichen Sitzung des Bundestages offiziell aus dem Amt verabschiedet. Bundestagspräsident Eugen Gerstenmaier, in den letzten Jahren nicht immer ein Weggefährte Adenauers, erinnerte noch einmal an die politischen Verdienste des scheidenden Kanzlers und schloss seine Rede mit den Worten: «Konrad Adenauer hat sich um das Vaterland verdient gemacht.» Donnernder Applaus bekräftigte diese Würdigung.

4. Der Außenpolitiker und Staatsmann

Westbindung, europäische Integration und Aussöhnung

«Auf außenpolitischem Gebiet liegt unsere Linie fest. Sie richtet sich in erster Linie darauf, ein enges Verhältnis zu den Nachbarstaaten der westlichen Welt, insbesondere auch zu den Vereinigten Staaten, herzustellen. Es wird von uns mit aller Energie angestrebt werden, daß Deutschland so rasch wie möglich als gleichberechtigtes und gleichverpflichtetes Mitglied in die europäische Föderation aufgenommen wird. Bei der Durchführung dieser Absichten werden wir besonders eng mit den anderen in den westeuropäischen Völkern sich immer stärker entwickelnden christlich-demokratischen Kräften zusammenarbeiten.» Mit diesen Worten beschrieb Adenauer in einem Brief vom 27. August 1949 an die Stellvertretende Vorsitzende der Zentrumspartei, Helene Wessel, seine außenpolitische Leitlinie. Die Überzeugung, dass Deutschland sich an die Seite der Westmächte stellen müsse, um angesichts des sich immer schärfer abzeichnenden Ost-West-Konflikts Halt und Perspektive zu haben, hatte sich seit 1945 herausgebildet. Nicht eine relative Distanz zu beiden Blöcken oder gar eine «Brücke» zwischen ihnen, wie es sein Parteikollege Jakob Kaiser in dieser Zeit propagierte, war in Adenauers Sicht die künftige außenpolitische Maxime, sondern eine konsequente Westorientierung. Weil er die politische Reife der Deutschen skeptisch einschätzte, schienen ihm Sicherheit und Zukunft für Deutschland erst dann gewährleistet, wenn es in die Familie der westeuropäisch-transatlantischen Demokratien fest eingebunden würde.

Der weltpolitische Hintergrund des Ost-West-Konflikts, der spätestens 1947 zum Kalten Krieg wurde, bestimmte Rahmen und Reichweite der westdeutschen Außenpolitik weit über die Amtszeit Adenauers hinaus. Gerade die amerikanische Containment-Politik, die auf die Stärkung des Westens und die Verhinderung jedes weiteren Vordringens der Sowjetunion in Europa abzielte, bot der soeben gegründeten Bonner Republik einen Bezugsrahmen, um vom Objekt weltpolitischer Entwicklungen zu einem handlungsfähigen Subjekt der Staatengemeinschaft zu werden. Die sich hierdurch eröffnenden Handlungsspielräume wusste der Bundeskanzler konsequent zu nutzen. Zwar waren die Amerikaner – und stärker noch die westeuropäischen Staaten, allen voran Frankreich – misstrauisch und wachsam gegenüber der in ihren Augen noch immer lauernden deutschen Gefahr, doch bot ihnen die «doppelte Eindämmung» (Wolfram Hanrieder) Westdeutschlands die Möglichkeit, Bedenken und Ängste insbesondere der Nachbarn aufzunehmen und abzubauen: Über die feste Einbindung der jungen Bundesrepublik in die westeuropäisch-transatlantischen Gemeinschaftsstrukturen sollte sowohl die sowjetisch-kommunistische Bedrohung gestoppt als auch der angesichts seiner Vergangenheit von Deutschland potenziell noch immer ausgehenden Gefahr Einhalt geboten werden.

Christian Hacke hat Adenauer zu Recht als einen «außenpolitischen Revolutionär» gekennzeichnet, der in seiner Absage an den Nationalismus und an die Idee des autonomen nationalen Machtstaats als Leitprinzip außenpolitischen Handelns fundamental mit überkommenen Denktraditionen und Handlungsorientierungen gebrochen habe. In der Macht des nationalen Gedankens sah Adenauer nicht nur die Ursache für die aggressive nationalsozialistische Außenpolitik begründet, sondern auch für die mangelnde Fähigkeit von Kaiserreich und Weimarer Republik, Deutschlands Position im europäischen Staatensystem langfristig zu stabilisieren. Zwar war dem 1876 Geborenen das Denken in nationalen Kategorien nicht fremd, doch war es durch seine westdeutsch-rheinländische Herkunft und seine politischen Erfahrungen als Kölner Oberbürgermeister abgemildert. Nach 1945 waren Nationalismus und nationales Paradigma in Deutschland diskreditiert, auch wenn alte Prägungen und Überzeugungen noch weiterwirkten. Hier war es Adenauers Politik der Westintegration und der Einbindung des westdeutschen

Staates in die europäischen und transatlantischen Strukturen, die – im Sinne der «doppelten Eindämmung» – einen neuen Auftakt boten. Für die junge Bundesrepublik musste es, so schrieb Adenauer in seinen Memoiren, darauf ankommen, «Schritt für Schritt das Vertrauen zu uns Deutschen wieder zu wecken. Grundvoraussetzung hierfür war meines Erachtens ein klares Bekenntnis zum Westen, stetig und ohne Schwanken. Unsere außenpolitische Haltung musste klar, folgerichtig und offen sein.»

Der spätere Bundeskanzler hatte die unvermeidbare Konfrontation zwischen Ost und West und die sich hieraus ergebenden Veränderungen in der europäischen Politik früher und deutlicher erkannt als viele andere. Für ihn war die Teilung Deutschlands und Europas nicht Ursache, sondern Konsequenz des wachsenden Gegensatzes zwischen den beiden Supermächten. Seine frühzeitige Suche nach Anlehnung und Integration im Westen war nicht zuletzt von der Sorge genährt, die Sowjetunion könne die Ost-West-Auseinandersetzung durch eine geschickte Kombination von politisch-militärischem Druck und kommunistischer Subversion in Westeuropa zum eigenen Vorteil nutzen. Gleichzeitig hoffte er, die Dynamik des Kalten Krieges für Deutschlands Wandel vom abhängigen Objekt zum gleichberechtigten Subjekt nutzen zu können, also durch eine konsequente Politik der Westintegration die nach wie vor bestehenden Souveränitätsdefizite abzubauen und so auf mittlere Sicht ein eigenständiger außenpolitischer Akteur zu werden. Wie er bereits in seiner ersten Regierungserklärung im September 1949 ausführte, sei «der einzige Weg zur Freiheit» derjenige, «daß wir im Einvernehmen mit der Alliierten Hohen Kommission unsere Freiheit und unsere Zuständigkeit Stück für Stück zu erweitern suchen».

Ebenso eröffnete aus seiner Sicht die Europabewegung Chancen, aus der außenpolitischen Isolierung herauszukommen. In den Jahren 1948/49 hatte Adenauer an mehreren Konferenzen mit christlich-demokratischen und anderen Europapolitikern teilgenommen und diese Plattform genutzt, um seine Vorstellungen von einer westeuropäischen Zusammenarbeit vorzutragen. Den Gedanken einer europäischen Föderation könne man nicht ernst genug nehmen, berichtete er Parteifreunden über den Europa-Kongress in Den Haag im Mai 1948 und die dort einstimmig angenommene Resolution zugunsten der Einbeziehung Westdeutschlands in einen europäischen Bund. Eine solche europäische Föderation vermittle auch den westlichen Nachbarn der künftigen Bundesrepublik ein Gefühl der Sicherheit und vermindere ihre nach wie vor große Angst vor den Deutschen. Nach einer ersten Zusammenkunft mit Robert Schuman, dem später für ihn so wichtigen Exponenten der europäischen Bewegung, bekräftigte Adenauer, dass aus seiner Sicht die wirtschaftliche Verflechtung die «sicherste Grundlage für eine gute nachbarschaftliche Zusammenarbeit» sei.

Nur durch eine solide und dauerhafte Integration in die westliche Völkergemeinschaft hatten die Deutschen in den Augen des künftigen Bundeskanzlers die Chance, sich von der Last der Vergangenheit zu befreien und eine Zukunft aufzubauen. Die damit zumindest vorübergehend verbundene Teilung galt es in Kauf zu nehmen, weil eine Wiedervereinigung ohne Absage an die Westbindung gegenüber der Sowjetunion vorerst nicht durchzusetzen war. Allerdings bedeutete dies keinen dauerhaften Verzicht auf die Einheit. Vielmehr sollte die Bundesrepublik den «Kernstaat» bilden, an den die östlichen Teile angegliedert werden konnten, wenn die Stärke und Einheit des Westens die Veränderung des Status quo in Richtung Wiedervereinigung bewirken würden. Wann und unter welchen Umständen diese geschehen konnte, würde allerdings von der weltpolitischen Lage abhängen.

«Es besteht für uns kein Zweifel, daß wir nach unserer Herkunft und nach unserer Gesinnung zur westeuropäischen Welt gehören.» Mit diesem Bekenntnis wandte sich der soeben gewählte Bundeskanzler in seiner Regierungserklärung vom 20. September 1949 unmissverständlich gegen die historische Abgrenzung Deutschlands vom Westen und seinen politischen Ideen und distanzierte sich zugleich von dem in der deutschen Außenpolitik seit dem 19. Jahrhundert wirkungsmächtigen Topos der deutschen Mittellage. Aus der Zugehörigkeit Deutschlands zum westlichen Kulturkreis ergab sich sein Programm der außen- und bündnispolitischen Westintegration, wie er es zwei Wochen zuvor in dem oben zitierten Brief an Helene Wessel dargelegt hatte. Der im Spätsommer 1949 aus der Taufe gehobenen Bundesrepublik Deutschland fehlte jedoch nicht nur jegliches internationale Ansehen, sie konnte auch keine souveräne Außenpolitik betreiben; nach dem am 21. September 1949 in Kraft getretenen Besatzungsstatut stand sie unter der Kontrolle der drei Westmächte, vertreten durch die Alliierte Hohe Kommission. Zur «Urform außenpolitischer Betätigung» (Hans-Peter Schwarz) wurden unter den Vorbehaltsklauseln dieses Statuts die Konsultationen des Bundeskanzlers mit den Hohen Kommissaren, die an die Stelle der Militärgouverneure getreten waren. Bis 1951 musste der Bonner Regierungschef immer wieder bei ihnen auf dem Petersberg erscheinen, um sie über die Regierungstätigkeit zu unterrichten und mit ihnen über die schrittweise Aufhebung des Besatzungsstatuts und damit über allmähliche Fortschritte auf dem Weg zur Souveränität zu verhandeln.

Zentrales Problem war zunächst die Frage einer Revision der Demontagepläne der Alliierten. Hier erhoffte Adenauer eine deutliche Reduzierung dieser Maßnahmen und bot als Gegenleistung den bisher abgelehnten Beitritt der Bundesregierung zur Internationalen Ruhrbehörde, einer Kontrollinstanz zur Überwachung der Schwerindustrie im Ruhrgebiet, an. Nach langwierigen Verhandlungen sagten die Hohen Kommissare im Petersberger Abkommen vom 22. November 1949 die Aufhebung der Demontage zu und stellten auch eine Prüfung des Besatzungsstatuts in Aussicht. Zudem billigten sie die Aufnahme Westdeutschlands in die *Organization for European Economic Cooperation*, eine im April 1948 ins Leben gerufene Organisation zur Verwaltung der Marshallplan-Gelder und zur Koordinierung des gemeinsamen Aufbauprogramms, sowie in den Europarat. Damit hatte der Kanzler einen wichtigen außenpolitischen Erfolg erzielt.

Über die Beratungen mit der Alliierten Hohen Kommission waren weder das Kabinett noch die Unionsfraktion noch der

Bundestag insgesamt informiert gewesen. Dort brach in der Aussprache über das Petersberger Abkommen ein heftiger Konflikt mit der Opposition auf, der Adenauers Außenpolitik lange begleiten sollte. Der SPD-Vorsitzende Kurt Schumacher setzte zwar ebenfalls auf die Westbindung und die Einbettung der Bundesrepublik in eine Föderation demokratischer und sozialistischer europäischer Staaten, doch lehnte er Adenauers Kurs des Entgegenkommens gegenüber den westlichen Alliierten und des Eingehens auf deren Sicherheitsvorbehalte entschieden ab, vermisste zudem in dessen Westpolitik die dezidierte Rückbindung an das Ziel der Wiedervereinigung Gesamtdeutschlands. In der hitzigen Debatte am 24./25. November 1949 griff er Adenauers Kurs scharf an und titulierte ihn polemisch als «Bundeskanzler der Alliierten», was jedoch nicht dem Kanzler, sondern ihm selbst schadete. In den Augen westlicher Staatsmänner verkörperte der SPD-Vorsitzende fortan einen rigorosen deutschen Nationalismus, während der Bonner Regierungschef Kredit und Unterstützung verdiente.

Allerdings erwies sich die Politik der Westintegration als beschwerlicher und steiniger als zunächst erwartet. Insbesondere Frankreich konnte nur schwer vergessen, dass es in dem Dreivierteljahrhundert seit 1870 dreimal vom deutschen Nachbarn militärisch überrannt worden war, sodass die Pariser Regierung sich als ein besonders schwieriges Gegenüber zeigte. Ihre Absicht, das mit Frankreich in einer Wirtschafts- und Währungsunion verbundene Saarland politisch wie ökonomisch noch stärker an sich zu binden, drohte den von Adenauer erstrebten Ausgleich mit den Staaten Westeuropas von vornherein zu torpedieren. Umso überraschter nahm der Kanzler den im Mai 1950 lancierten Vorschlag des französischen Außenministers Robert Schuman für eine supranationale Integration der westeuropäischen Kohle- und Stahlindustrie auf. In streng geheimer Mission vorab informiert, zögerte Adenauer keinen Moment, die Offerte anzunehmen. In einem persönlichen Brief an Schuman zeigte er sich höchst erfreut, «daß nunmehr mit diesem Plan der französischen Regierung die Beziehungen zwischen unseren beiden Ländern, die in Mißtrauen und Reserve zu erstar-

Adenauer auf den Stufen des Kapitols in Washington, April 1953

ren drohten, einen neuen Auftrieb zu konstruktiver Zusammenarbeit erfahren». Zum einen deckten sich die Grundgedanken des Schuman-Plans in weiten Teilen mit der von ihm seit den zwanziger Jahren wiederholt empfohlenen supranationalen Zusammenarbeit auf dem Montangebiet, zum anderen sah er in dem französischen Vorstoß einen Anknüpfungspunkt, um das Verhältnis zu Frankreich auf eine neue Basis zu stellen.

Tatsächlich sollte die Schuman-Plan-Konferenz, zu der sich am 20. Juni 1950 Delegationen der Bundesrepublik, Frankreichs, Italiens und der Benelux-Staaten in Paris einfanden, Adenauers Westpolitik entscheidend voranbringen. Nach langwierigen Verhandlungen konnte am 18. April 1951 der Vertrag über die Europäische Gemeinschaft für Kohle und Stahl (EGKS) unterschrieben werden. Kernelement der neuen Organisation war eine Hohe Behörde, der die Entscheidungen über die Produktions- und Absatzbedingungen der Montanindustrien der beteiligten Länder zukamen, wobei ihr jedoch weitere Gremien – eine Gemeinsame Versammlung, ein Ministerrat und ein Gerichtshof – zur Seite gestellt wurden, um so eine Balance zwischen supranationalen Elementen und nationalen Interessen zu schaffen. Mit der EGKS nahm «Europa» eine erkennbare Gestalt und Struktur an, die sich in der alltäglichen Zusammenarbeit manifestierte und durch die supranationalen Rechtsformen gefördert wurde. Für die Bundesrepublik war von zentraler Bedeutung, dass sie als gleichberechtigter Partner an den Verhandlungen beteiligt war und dass mit Inkrafttreten des Vertrags über die Montanunion am 24./25. Juli 1952 das Ruhrstatut endete, die Ruhrbehörde aufgelöst und auch andere alliierte Kontrollen und Beschränkungen im Montanbereich aufgehoben wurden. Adenauers Konzept, durch Aktionen zugunsten einer europäischen Integration auch Fortschritte im Souveränitätsbereich zu erzielen, hatte sich als erfolgreich erwiesen.

Was im wirtschaftlichen Bereich zukunftsträchtig gewesen war, erwies sich im militärischen Bereich als Fehlschlag. Als am 25. Juni 1950, wenige Tage nach Beginn der Schuman-Plan-Konferenz, Streitkräfte des kommunistischen Nordkorea die

Grenze überschritten und ihren Angriff auf das zur amerikanischen Sicherheitssphäre gehörende Südkorea eröffneten, erreichte der Ost-West-Konflikt einen neuen Höhepunkt. Für die Bundesrepublik wurde der Korea-Krieg ein weiterer Impulsgeber hin zu Souveränität und Gleichberechtigung. Adenauer hatte bereits vor dem Ausbruch des Krieges im Fernen Osten gegenüber den Hohen Kommissaren Erwägungen zu einem deutschen Wehrbeitrag vorgebracht, war hiermit jedoch abgewiesen worden. Erst die aktuelle Furcht vor einer kommunistischen Aggression auch in Europa änderte die Rahmenbedingungen für seine Pläne. Angesichts des erdrückenden Übergewichts der UdSSR im konventionellen Rüstungsbereich schien es dem Bundeskanzler unabdingbar, die zahlenmäßig deutlich unterlegenen Divisionen in Europa zu verstärken und eine formelle westliche Sicherheitsgarantie für die Bundesrepublik zu erlangen. Hierbei lehnte er eine nationale westdeutsche Armee eindeutig ab. Stattdessen favorisierte er die Beteiligung der Bundesrepublik an der westlichen Verteidigung im Rahmen einer europäischen Armee oder der Mitgliedschaft in der NATO. Allerdings kam in seiner Sicht ein westdeutscher Verteidigungsbeitrag nur in Frage, wenn die Bundesrepublik als gleichberechtigter Partner akzeptiert werde. Im Klartext hieß das: Für diesen Schritt erwartete er die Revision des eben erst in Kraft getretenen Besatzungsstatuts und die Souveränität für die Bundesrepublik Deutschland.

Unter militärischen Fachleuten in Washington und London war angesichts der als desolat eingeschätzten militärischen Kräfteverhältnisse in Europa die Notwendigkeit eines deutschen Wehrbeitrags seit langem unumstritten, doch sprachen politische Gründe dagegen, vor allem die vehemente öffentliche Ablehnung der Idee, nur fünf Jahre nach dem Ende des Zweiten Weltkriegs wieder deutsche Soldaten aufzustellen. Der Ausbruch des Korea-Krieges veränderte diese Konstellation grundlegend. Nicht nur drängten Militärs wie Politiker in den westlichen Hauptstädten auf eine Verstärkung der konventionellen Rüstung, auch in der öffentlichen Diskussion traten die bisherigen Vorbehalte gegen einen deutschen Wehrbeitrag in den

Hintergrund. Damit verbesserten sich die Chancen für die Pläne des Bundeskanzlers nachhaltig.

Da die Aufstellung nationaler deutscher Streitkräfte weder in der Bundesrepublik noch in den westlichen Hauptstädten vorstellbar war, spitzte sich die Diskussion auf zwei Optionen zu: eine eigenständige deutsche Armee im Rahmen der NATO oder deutsche Streitkräfte im Kontext einer Europa-Armee. Während in Washington und London Politiker und Militärs über das Pro und Contra beider Konzepte diskutierten, schlug sich die französische Regierung eindeutig auf die Seite des letzteren Vorhabens: Am 24. Oktober 1950 präsentierte Ministerpräsident René Pleven in der Nationalversammlung den Plan einer supranationalen westeuropäischen Armee, der die Bundesrepublik eigene Truppen unterstellen sollte. Die Integration der von den Einzelstaaten gestellten Kontingente sollte auf der Basis der kleinstmöglichen Einheit erfolgen. Allerdings behielten sich die westeuropäischen Staaten die Möglichkeit vor, außerhalb der europäischen Armee eigene Nationalarmeen zu unterhalten. Die Aufstellungsdetails sowie die geplante Führungsstruktur der «Europa-Armee», in der französischen Militärs der entscheidende Einfluss zukommen sollte, bedeuteten eine offensichtliche Diskriminierung der Bundesrepublik.

Obwohl tief enttäuscht und betroffen von Plevens Vorschlägen, beschloss Adenauer, sich nicht öffentlich zu ihnen zu äußern und stattdessen im Verein mit Briten und Amerikanern, die diese Vorstellungen ebenfalls für verfehlt hielten, auf Modifikation zu setzen. In der Tat zog sich das Tauziehen um eine Europäische Verteidigungsgemeinschaft (EVG) über mehr als drei Jahre hin. Im Rahmen dieser Verhandlungen konnten die Diskriminierungen, die für das westdeutsche Kontingent vorgesehen waren, mehr oder weniger abgebaut werden. Der im Mai 1952 unterzeichnete EVG-Vertrag hatte mit dem ursprünglichen Pleven-Plan nur noch wenig zu tun. Allerdings wuchs stattdessen die Ablehnungsfront in Frankreich. Die Ratifikationsdebatte in der Nationalversammlung sollte sich bis zum 30. August 1954 hinziehen, als mit 319 zu 294 Stimmen beschlossen wurde, den Vertrag von der Tagesordnung zu streichen. Dies war der

Todesstoß für den EVG-Vertrag. Noch am selben Abend notierte Adenauers enger politischer Mitarbeiter Heinrich Krone in seinem Tagebuch, dies sei ein Anschlag gegen Europa, ein schwarzer Tag.

Aber nicht nur an der Seine hatte sich Widerstand gegen die EVG formiert, auch von der Moskwa gab es Störmanöver gegen Adenauers Politik der Westintegration. Am 10. März 1952, also mitten hinein in die Debatten um den Pleven-Plan und parallele Verhandlungen um die Beendigung des Besatzungsstatuts, hatte der sowjetische Partei- und Regierungschef Stalin eine Note an die drei Westmächte gerichtet, in der er ihnen die Schaffung eines vereinten, souveränen und demokratisch verfassten Deutschland vorschlug, ausgestattet mit einer Nationalarmee, die allerdings gewissen Einschränkungen hinsichtlich ihrer Stärke und Ausrüstung unterliegen sollte. Als Preis für die Wiedervereinigung forderte Stalin die strikte Bündnisfreiheit des vereinten Deutschland und die Anerkennung der Oder-Neiße-Grenze. Mit einer noch zu schaffenden gesamtdeutschen Regierung sollten die Siegermächte des Zweiten Weltkriegs einen entsprechenden Friedensvertrag schließen. Auf Nachfragen präzisierte der sowjetische Diktator noch einmal seine Vorstellungen zur Frage gesamtdeutscher Wahlen, ohne dass dies jedoch die Westmächte in ihrer grundlegenden Haltung beeinflussen konnte: In ihren Antwortnoten verwiesen sie darauf, dass eine gesamtdeutsche Regierung nur aus freien Wahlen hervorgehen könne, dass einem gesamtdeutschen Staat die koalitions- und bündnispolitische Handlungsfreiheit eingeräumt werden müsse und dass es ihm nicht verwehrt werden könne, auch über seine Grenzen zu verhandeln. Das west-östliche Notengefecht endete so in einer Verhärtung der gegensätzlichen Positionen.

Adenauer hat in seiner Einschätzung, dass die Stalin-Noten ein Propagandamanöver der Sowjetunion seien, um die Westintegration der Bundesrepublik zu torpedieren, keinen Augenblick geschwankt. Für ihn war die Neutralitätsoption das Ende jeder europäischen Integrationspolitik. Ein neutrales Deutschland würde über kurz oder lang dem sowjetischen Zugriff ausgesetzt sein, zumal die USA sich bei einem Scheitern der westeuropäischen Integration mutmaßlich vom Kontinent zurückziehen würden. Zudem würde die Bundesrepublik das mühsam errungene Vertrauen in ihre Bündnistreue aufs Spiel setzen, wenn sie bereits bei vagen Angeboten aus dem Kreml die Westintegration in Frage stellte. Dies sah er als einen irreparablen Schaden an. Deshalb drängte er die Vertreter der Westmächte in mehreren Unterredungen zu einer unmissverständlichen Ablehnung von Stalins Angebot sowie zur Fortsetzung der EVG-Verhandlungen.

Am Pleven-Plan und an den Stalin-Noten entzündeten sich zudem heftige politische Diskussionen in der Bundesrepublik. Sein Zentrum hatte dieser Widerspruch in der SPD, doch reichte er bis in die Regierungskoalition und in das Kabinett hinein. In diesen Debatten verknoteten sich Grundsatzfragen zur westdeutschen Außenpolitik, was die Vehemenz und Leidenschaft dieses Streites erklärt. Zum einen ging es um das Spannungsverhältnis von Westintegration und Wiedervereinigung, zum anderen um prinzipielle Bedenken gegen die Wiederbewaffnung und zum dritten um die Beziehungen zwischen der Bundesrepublik und den Westmächten. Ein westdeutscher Wehrbeitrag war zwischen Regierung und Opposition nicht prinzipiell umstritten, sondern der Konflikt entzündete sich vornehmlich an Methoden und Vorgehensweisen von Adenauers Außenpolitik. Die SPD bestand auf der Herstellung nationaler Souveränität vor dem Eintritt in Verhandlungen über einen deutschen Militärbeitrag, um so den anderen Verhandlungspartnern gleichberechtigt gegenübertreten zu können, verwahrte sich also gegen Adenauers Politik der «Vorleistungen». Gleichzeitig gewannen in der Partei aber immer stärker diejenigen Stimmen an Gewicht, die die Wiederbewaffnung aus grundsätzlichen, ethisch-moralischen, friedens- wie deutschlandpolitischen Motiven ablehnten und hierbei von entsprechenden Anschauungen in der bundesdeutschen Öffentlichkeit getragen wurden. Mit welcher Erbitterung der Streit geführt wurde, zeigt nicht zuletzt, dass beide Seiten, Regierung wie Opposition, das Bundesverfassungsgericht anriefen, um feststellen zu lassen, ob ein deutscher Wehrbeitrag mit dem Grundgesetz vereinbar sei. Die Karlsruher Richter zeigten sich aber nicht bereit, diese Frage vor Abschluss der entsprechenden Verträge gleichsam vorbeugend zu klären.

Am heftigsten entbrannte der Streit infolge der Stalin-Noten, da nun die Rückwirkungen der Westintegration auf die Wiedervereinigung in den Fokus der Debatten gerieten. Nicht nur die Oppositionsparteien, auch prominente Stimmen in FDP und CDU beschworen den Bundeskanzler, die Ernsthaftigkeit von Stalins Vorstoß zu sondieren und so die Chancen einer baldigen Wiedervereinigung auszuloten. Die bisher eher unterschwellig artikulierten Vorbehalte, dass der Kurs der Westintegration den Status quo in Europa zementiere, die Hoffnung auf Wiedererlangung der deutschen Einheit somit schwinde, wurden nun mit neuer Virulenz vorgebracht. Auch in der publizistischen Öffentlichkeit kamen diese Gedanken, teils gepaart mit einem neutralistischen Unterton, zum Tragen.

Der heftige Gegenwind hat Adenauer zwar in hohem Maße beunruhigt, in seiner Einschätzung von Stalins Motiven aber nicht wanken lassen. Aus seiner Sicht kam es darauf an, den Sirenenklängen aus Moskau nicht zu erliegen, sondern die Westverträge umgehend unter Dach und Fach zu bringen. Neben dem EVG-Abkommen war dies vor allem der Generalvertrag, der die Bundesrepublik aus dem Besatzungsregime entlassen und die Beziehungen zwischen ihr und den Westmächten neu regeln sollte. Adenauers Hoffnungen, das Besatzungsstatut schon bald ganz ablösen zu können, zerschlugen sich jedoch angesichts massiven Widerstands vor allem aus Paris, das auf spezifischen Sicherheitsvorkehrungen bestand. Dennoch war der Kanzler geneigt, diese Bestimmungen vorläufig hinzunehmen im Vertrauen darauf, dass die zu erwartenden Fortschritte in der europäischen Integration und der atlantischen Zusammenarbeit weitere Revisionen nach sich ziehen würden. Der Generalvertrag konnte so am 26. Mai 1952 in Bonn und der EVG-Vertrag am 27. Mai 1952 in Paris unterzeichnet werden. Ein knappes Jahr später wurden beide Abkommen dann vom deutschen Bundestag mit überzeugenden Mehrheiten gebilligt.

Das Veto der französischen Nationalversammlung an jenem «schwarzen» 30. August 1954 zerschlug jedoch die Bemühungen um die Einbeziehung der Bundesrepublik in die Verteidigung Westeuropas. Dennoch war der grundsätzliche Kurs dieser Politik nicht aufzuhalten, allerdings musste seine Substanz in neue vertragliche Formen gegossen werden. Hier bot sich nun eine Lösung im Rahmen der NATO an. Hatten die Angloamerikaner diese Lösung schon zu Beginn der fünfziger Jahre in Betracht gezogen, so zeigte sich mittlerweile auch die französische Regierung bereit, sie mitzutragen. Allerdings beharrte man in Paris nach wie vor auf gewissen Sicherheits- und Kontrollforderungen sowie auf einer vorherigen Regelung der Saar-Frage.

So einigte man sich darauf, die Aufstellung westdeutscher Streitkräfte europäisch zu überwachen. Zu diesem Zweck stattete man die Westeuropäische Union – ein 1948 gegründeter Pakt mit fünf westeuropäischen Staaten, dem die Bundesrepublik nun als neues Mitglied beitrat – mit umfassenden Kontrollfunktionen, vor allem im Rüstungsbereich, aus und sah für die Rüstung der Bundeswehr eine strikte Reglementierung vor. Zu den deutschen Rüstungsbegrenzungen im konventionellen Bereich kam der Verzicht auf die Herstellung atomarer, biologischer und chemischer Waffen, den Adenauer in einer schwierigen Konferenzphase von sich aus anbot.

In der Saar-Frage führte der Weg zu einer deutsch-französischen Verständigung über die Zustimmung beider Regierungschefs zu einem Saarstatut; es sah die Europäisierung des Saarlandes vor, wenn auch unter dem doppelten Vorbehalt, dass ein künftiger Friedensvertrag mit Deutschland diese Regelung bestätigen und zudem die Bevölkerung des Saargebiets diesem Statut in einem Referendum zustimmen müsse. Wider Erwarten lehnten die Saarländer im Oktober 1955 die Regelung jedoch mit Zweidrittelmehrheit ab, was als Votum für den Anschluss an die Bundesrepublik gewertet werden musste. Gegen diese Lösung konnte sich jetzt auch Frankreich nicht mehr sperren; zum 1. Januar 1957 trat das Saarland als zehntes Bundesland dem Bonner Staat bei.

Parallel zu den Verhandlungen über die Aufnahme in WEU und NATO wurde auch der Deutschland-Vertrag neu ausgehandelt, der das Verhältnis der Bundesrepublik zu den Westmächten regelte. Nach Art. 1 erhielt sie nunmehr «die volle Macht eines souveränen Staates über ihre inneren und äußeren Angelegenheiten». Einschränkungen der Souveränität gab es allein für die «Rechte und Verantwortlichkeiten in bezug auf Berlin und auf Deutschland als Ganzes einschließlich der Wiedervereinigung Deutschlands und einer friedensvertraglichen Regelung» sowie für die Stationierung von Streitkräften, wo weiterhin bestehende Vorrechte der Siegermächte galten. Gefallen war auch die innenpolitisch höchst umstrittene Bindungsklausel, die ein wiedervereinigtes Deutschland an die Westverträge gebunden hätte. Stattdessen bekräftigten die Bundesrepublik und die drei Westmächte ihre Absicht, bis zum Abschluss eines Friedensvertrags zusammenzuarbeiten, «um mit friedlichen Mitteln ihr gemeinsames Ziel zu verwirklichen: ein wiedervereinigtes Deutschland, das eine freiheitlich-demokratische Verfassung, ähnlich wie die Bundesrepublik, besitzt und das in die europäische Gemeinschaft integriert ist».

Die Pariser Verträge, ein Bündel von insgesamt elf Verträgen und Abkommen, darunter der Deutschland-Vertrag, das Protokoll über die Beendigung des Besatzungsregimes sowie das Protokoll über den Beitritt zur NATO, traten am 5. Mai 1955 in Kraft. Binnen Zehnjahresfrist war die Bundesrepublik von einem Besiegten zu einem Bündnispartner geworden. Damit hatte Adenauer sein vordringliches, seit 1949 zäh und beharrlich verfolgtes Ziel erreicht: den Aufstieg der Bundesrepublik zu einer gleichberechtigten Macht im Verbund des freien Westens. Dies markierte einen Gipfelpunkt seiner Außenpolitik. Im selben Monat aber wurde die DDR – ein Jahr zuvor in eine «Souveränität» nach Moskauer Definition entlassen – Mitglied des Warschauer Paktes und damit Bestandteil der politischen und militärischen Strukturen des Ostens. Die sowjetische Führung versäumte es nicht, fortan mit Nachdruck die «Zwei-Staaten-Theorie» zu propagieren, nach der sich auf dem Territorium des besiegten Deutschen Reiches zwei neue, souveräne Staaten gebildet hätten.

In dieser deutschlandpolitischen Situation erhielt Adenauer Anfang Juni 1955 die Einladung, zu Verhandlungen über die

Aufnahme diplomatischer Beziehungen zwischen der Bundesrepublik und der Sowjetunion nach Moskau zu kommen. Dieser Vorstoß der sowjetischen Führung barg für den westdeutschen Regierungschef ein nicht unerhebliches Risiko: Wenn er auf ihn einging, trug er indirekt zur Unterstützung der «Zwei-Staaten-Theorie» bei, tat er es nicht, setzte er sich innenpolitischen Vorwürfen aus, deutsche Interessen nicht ausreichend zu vertreten, zumal die Frage der Rückkehr der noch verbliebenen deutschen Kriegsgefangenen aus Russland ganz oben auf der Agenda stand. Allerdings hatte er im engeren Kreis schon zuvor deutlich gemacht, dass er sich nach Erlangen der Souveränität von der Aufnahme diplomatischer Beziehungen auch zur Sowjetunion eine Vergrößerung der Handlungsfreiheit für seine Außen- und Deutschlandpolitik erhoffe.

So reiste Adenauer Anfang September mit einer großen Delegation, darunter auch Abgeordnete der Oppositionsparteien, nach Moskau. Nach harten Verhandlungen, die mehr als einmal vor dem Scheitern standen, konnte schließlich der Durchbruch erzielt werden: Die sowjetische Führung sagte zu, die Kriegsgefangenen ausreisen zu lassen. Die Bilder von den ersten Russlandheimkehrern im Lager Friedland vier Wochen später, Vorhut von knapp 10 000 Kriegsgefangenen und etwa 20 000 Zivilisten, die ihnen in den nächsten Monaten folgen sollten, prägten das Ansehen des Regierungschefs in der deutschen Öffentlichkeit nachhaltig.

Das zweite zentrale Ergebnis von Adenauers Moskaureise war die Aufnahme diplomatischer Beziehungen mit der UdSSR. Damit nahm die Bundesrepublik erstmals offizielle Verbindungen zu einem Staat auf, der nunmehr entsprechende Kontakte zu beiden deutschen Staaten unterhielt. Die von der Sowjetunion propagierte «Zwei-Staaten-Theorie» gewann hierdurch deutlich Auftrieb, der Alleinvertretungsanspruch der Bundesrepublik wurde ausgehöhlt. Bereits in Moskau waren deshalb im Kreis der deutschen Delegation Überlegungen angestellt worden, wie man sich in Zukunft gegenüber solchen Staaten verhalten solle, die ihrerseits diplomatische Kontakte zu Ost-Berlin aufnehmen würden. Gemäß der «Hallstein-Doktrin»

– benannt nach dem Staatssekretär im Auswärtigen Amt – galten die Beziehungen der Bundesrepublik zur Sowjetunion als besondere Beziehungen zu einer der Siegermächte des Zweiten Weltkriegs, was ihre Ausnahmestellung begründete. Dessen ungeachtet hielt man aber am Alleinvertretungsanspruch der Bundesrepublik fest: Auch in Zukunft sei allein sie als Rechtsnachfolgerin des Deutschen Reiches – und für sie die Bundesregierung, frei gewählt und demokratisch legitimiert – berechtigt, für alle Deutschen zu sprechen, während der DDR und ihrer Regierung jede Legitimität fehle. Die Konsequenz aus dieser Doktrin formulierte Adenauer in seiner Regierungserklärung nach der Rückkehr aus Moskau vor dem Deutschen Bundestag: «Auch dritten Staaten gegenüber halten wir unseren bisherigen Standpunkt bezüglich der sogenannten ‹DDR› aufrecht. Ich muß unzweideutig feststellen, daß die Bundesregierung auch künftig die Aufnahme diplomatischer Beziehungen mit der ‹DDR› durch dritte Staaten, mit denen sie offizielle Beziehungen unterhält, als einen unfreundlichen Akt ansehen würde, da er geeignet wäre, die Spaltung zu vertiefen.»

Angewandt wurde die «Hallstein-Doktrin» erstmals 1957 gegenüber Jugoslawien, als Bonn die diplomatischen Beziehungen zu Belgrad abbrach. Weitere Opfer waren u. a. Kuba und – nach dem Ende von Adenauers Kanzlerschaft – eine Reihe von Staaten aus der arabischen Welt, die es verstanden, das diplomatische Spiel mit Bonn und Ost-Berlin für Zugeständnisse in anderen, vornehmlich wirtschaftlichen Fragen zu nutzen. Auch wenn es der Bundesrepublik gelang, die DDR noch für eine Weile international zu isolieren, so hatte sie sich doch mit der «Hallstein-Doktrin» Fesseln angelegt, die ihre außen- und deutschlandpolitische Handlungsfreiheit auf Dauer deutlich einengten. Je mehr die Wiedervereinigungsfrage von der Tagesordnung der internationalen Politik verschwand, desto weniger konnte die «Hallstein-Doktrin» als deutschlandpolitischer Hebel instrumentalisiert werden.

Die Erlangung der Souveränität und die Integration der Bundesrepublik in die NATO konnten nicht darüber hinwegtäuschen, dass das Scheitern der EVG ein Jahr zuvor europapolitisch ein Debakel gewesen war. Das deutsch-französische Verhältnis war nachhaltig beschädigt, und die Frage der Einbindung der Deutschen, auch der deutschen Wirtschaftskraft, blieb weiter auf der Tagesordnung. Nachdem der Versuch fehlgeschlagen war, ein gemeinsames Europa über eine engere Zusammenarbeit in der Außen- und Sicherheitspolitik zu bauen, wurde in den europäischen Staaten nach alternativen Möglichkeiten für eine «relance européenne» Ausschau gehalten. Hier war es Jean Monnet, seit August 1953 der erste Präsident der Hohen Behörde der Montanunion, der den mit der EGKS begonnenen Weg der sektoralen Integration fortsetzen wollte und hierbei die Bereiche Verkehr und Energiewesen, insbesondere die Atomenergie, in den Blick nahm. Politiker aus den Benelux-Staaten, darunter der niederländische Außenminister Johan Willem Beyen und sein belgischer Kollege Paul-Henri Spaak, setzten eher darauf, die europäischen Volkswirtschaften in einem gemeinsamen Markt zusammenzuschließen, unter Abbau der Binnenzölle und mit einem gemeinsamen Außenzoll.

Gerade in der Sicht der Benelux-Länder bot die Schaffung eines gemeinsamen Marktes den entscheidenden Vorteil, den unruhigen und dynamischen deutschen Nachbarn einbinden zu können. Wie Spaak Anfang Februar 1956 gegenüber dem britischen Premierminister Eden feststellte, gebe «die europäische Integration ... Deutschland einen Rahmen, in dem seine Expansion begrenzt bleibt, und schafft eine Interessengemeinschaft, die Deutschland absichert und die uns gegen gewisse Versuchungen und gewisse Abenteuer absichert». Es liege im gemeinsamen Interesse, zu handeln, «solange noch Zeit ist, das heißt, solange Kanzler Adenauer an der Macht ist. Ich glaube, die – übrigens recht schwachen – Bindungen des Atlantikpakts allein genügen nicht, um die deutsche Politik in der Zukunft endgültig festzulegen. Mir scheint es unzweifelhaft, daß wir mehr tun müssen.» Gerade Adenauers passionierte pro-europäische Ausrichtung sei «das wirksamste Mittel und vielleicht das einzige», um die Deutschen vor sich selbst zu schützen.

Die Bundesregierung konnte sich zunächst weder für einen Gemeinsamen Markt noch für eine Atomgemeinschaft erwärmen. Wirtschaftsminister Ludwig Erhard sowie der für Atomfragen zuständige Franz Josef Strauß sahen darin eher Hindernisse für die wirtschaftliche Entfaltung der Bundesrepublik. Adenauer hingegen ließ der Entstehung von EWG und EURATOM seine entschlossene Unterstützung zukommen, wobei für ihn nicht in erster Linie die wirtschaftlichen Vorteile, sondern die politischen Motive im Vordergrund standen. Über die wirtschaftliche Verflechtung sollte die politische Einigung vorangetrieben und damit Europa gegenüber den beiden Supermächten gestärkt werden.

Die Bundesregierung erwies sich bald als treibende Kraft in dieser Hinsicht und unterstrich damit das neue außenpolitische Gewicht des westdeutschen Staates. Auf der entscheidenden Konferenz der Außenminister der EGKS-Staaten Anfang Juni 1955 in Messina, nur wenige Wochen nachdem die Bundesrepublik souverän geworden war, einigte man sich darauf, eine Sachverständigenkonferenz einzusetzen, die die vorliegenden Vorschläge sichten und zu einem Gesamtbericht zusammenfügen sollte. Nach langwierigen und kontroversen Verhandlungen konnten dann am 25. März 1957 in einem feierlichen Akt in Rom die Europäische Wirtschaftsgemeinschaft und die Europäische Atomgemeinschaft aus der Taufe gehoben werden. Während der EURATOM-Vertrag gemeinsame Grundlagen für die friedliche Nutzung und Kontrolle der Atomenergie schuf, sollte mit der EWG ein gemeinsamer Markt mit gemeinsamen Organen geschaffen werden. Ziel war die Begründung eines von allen Zollhindernissen freien, durchgehenden Wirtschaftsraums, in dem auch der Personen-, Dienstleistungs- und Kapitalverkehr frei fließen konnte. Die zentralen Organe der EWG – Ministerrat, Europäische Kommission, Europäische Versammlung und Europäischer Gerichtshof – waren aus den Organen der EGKS weiterentwickelt worden, wobei dem intergouvernementalen Ministerrat die wesentlichen Kompetenzen zufielen.

Die entscheidende Konfliktlinie in der Aushandlung der Römischen Verträge hatte erneut zwischen der Bundesrepublik und Frankreich gelegen. Während die deutsche Industrie dem gemeinsamen Markt mit großen Hoffnungen entgegensah und sich gerade im Industriegüterbereich erhebliche Vorteile versprach, gab es jenseits des Rheins die Furcht, dem Druck der deutschen Konkurrenz nicht gewachsen zu sein, sodass man nach einer Kompensation suchte. Ein Entgegenkommen der Bundesregierung in Fragen des Agrarmarktes sowie beim EURATOM-Projekt ebnete dann den Weg zu einem Kompromiss. Während Europa für Frankreich immer mehr zu einem Vehikel wurde, mit dem man verloren gegangene Macht, insbesondere gegenüber den USA, kompensieren zu können glaubte, sah Adenauer die EWG als Meilenstein auf dem Weg zu dem weiter gesteckten Ziel einer Politischen Union und als Garanten dafür, dass das europäische Projekt auch in Zukunft Bestand haben werde.

Mit den Römischen Verträgen war das zentrale außenpolitische Ziel des Kanzlers, die Eingliederung in den Westen, im Wesentlichen umgesetzt. Die Bindung an Washington sicherte unter den Konstellationen des Ost-West-Konflikts die Existenz des westdeutschen Staates, die Aufstellung der Bundeswehr und die Einbeziehung der Bundesrepublik in die politischen und militärischen Entscheidungsstrukturen der NATO stützten diese transatlantische Komponente weiter ab. Die Verbundenheit mit den westeuropäischen Partnern im Rahmen der europäischen Institutionen vertiefte die politische, gesellschaftliche und soziokulturelle Verwestlichung, überwand mentale wie reale Schranken, stärkte aber auch den freien Teil des Kontinents gegenüber den beiden Supermächten. Die beharrliche Weiterentwicklung des europäischen Einigungsprojekts war das zentrale Verdienst des Gründungskanzlers der Bundesrepublik Deutschland. Diese Westintegration bedeutete eine tiefe Zäsur in der außenpolitischen Ausrichtung des deutschen Nationalstaates: Sie führte die Bundesrepublik, so Christian Hacke, «aus der alten geographischen Mittellage in die politische Moderne der atlantischen Demokratien».

Allerdings hatten Sicherheit und Stabilität durch Westbindung einen Preis: die Vertiefung der deutschen Teilung. Während Adenauer fest davon überzeugt war, dass seine Politik der Stärke und der Westintegration eines Tages die Wiedervereneigung Deutschlands mit sich bringen würde, zeigten sich spätestens Mitte der fünfziger Jahre Tendenzen zur Verfestigung des deutschen und europäischen Status quo. Seit der Einbindung der beiden deutschen Staaten in die entsprechenden Blocksysteme gab es in Ost und West kein echtes politisches Interesse mehr an einer Lösung der deutschen Frage im Sinne der Wiedervereinigung. Erste Ansätze zu einer ost-westlichen Entspannung basierten auf der Prämisse, auf der Grundlage der deutschen Zweistaatlichkeit die Sicherheit in Europa zu erhöhen und die Gefahr eines militärischen Konflikts zu reduzieren. Als zudem die UdSSR mit dem Start des «Sputnik» im Oktober 1957 unter Beweis stellte, dass es ihr möglich sein würde, die USA mit interkontinentalen Fernwaffen zu bedrohen, zeigte die westliche Führungsmacht noch weniger Bereitschaft als zuvor, konfliktträchtige Deutschlandinitiativen zu verfolgen. Vielmehr waren ihr Sicherheit und Stabilität wichtiger als Fortschritte in der verfahrenen deutschen Frage. Die Außen- und Deutschlandpolitik Adenauers geriet damit in ein konzeptionelles und operatives Tief.

Dies wurde in der Berlin-Krise der Jahre 1958 bis 1962 offenkundig. In einer Rede im Moskauer Sportpalast am 10. November und in einer Note an die Regierungen der Drei Mächte am 27. November 1958 stellte der sowjetische Staats- und Parteichef Chruschtschow den Vier-Mächte-Status der Stadt in Frage und drohte, die sowjetische Kontrolle des Berlin-Verkehrs der Westmächte an die DDR zu übergeben, wenn die Westmächte nicht innerhalb von sechs Monaten zu Verhandlungen über eine «Normalisierung» der Lage um Berlin bereit seien. Besonders anstößig aus westlicher Sicht war der Vorschlag Chruschtschows, West-Berlin in eine selbstständige politische Einheit, eine «Freie Stadt», umzuwandeln, was die Preisgabe der westlichen Stadthälfte an östliche Pressionen bedeutet hätte. Die Regierungen der drei angesprochenen Mächte wiesen dann auch Verhandlungen unter ultimativem Druck zurück, wenn auch bald Gespräche mit den Sowjets auf unterschiedlichen Ebenen begannen, die sich jedoch ergebnislos hinzogen. Auf der anderen Seite ließ Chruschtschow sein Ultimatum folgenlos verstreichen.

Dieses – wenn auch zögerliche und hinhaltende – Eingehen der Westmächte auf den sowjetischen Vorstoß war für den Bundeskanzler ein Alarmsignal. Deren Bekenntnisse zugunsten des Ziels der Wiedervereinigung schienen blutleer, das Interesse an Koexistenz und Disengagement größer als Standfestigkeit in der deutschen Frage. Die Konsequenz war bitter. Wie der langjährige enge Vertraute Adenauers Heinrich Krone unter dem Datum des 23. Januar 1959 in seinem Tagebuch notierte, war sich Adenauer des Scheiterns seiner bisherigen Deutschlandpolitik bewusst: «Da mit der Wiedervereinigung auf Jahre nicht zu rechnen sei, solle man sie als jetzt nicht durchführbar ansehen; die Zone bleibe in der Macht Pankows, die Bundesrepublik im Bündnis mit dem Westen; es müsse im Wissen um die Lage, wie sie ist, zu Gesprächen kommen, die auf eine Humanisierung der Verhältnisse in der Zone hinausgingen.»

Dass Adenauer in den späten fünfziger Jahren eigenständige Initiativen in dieser Hinsicht entwickelt hat, blieb den Zeitgenossen unbekannt. Bereits im März 1958 hatte er sich an Moskau gewandt und in streng vertraulichen Unterredungen mit dem sowjetischen Botschafter in Bonn vorgeschlagen, der DDR den Status des neutralen Österreich zu geben, was die Gegenseite jedoch sofort zurückwies. Der folgende sogenannte «Globke-Plan», um die Jahreswende 1958/59 konzipiert und ein Jahr später modifiziert, sah zunächst eine völkerrechtliche Anerkennung beider deutscher Staaten, dann die Wiederzulassung aller politischen Parteien und freie Wahlen, schließlich eine gesamtdeutsche Volksabstimmung über die Wiedervereinigung vor. Allerdings blieben diese tastenden und unausgereiften Überlegungen ohne Wirkung, sie waren vielmehr ein Vehikel, um angesichts einer ungewissen deutschlandpolitischen Lage mögliche Neuansätze auszuloten.

Die mit Chruschtschows Berlin-Ultimatum ausgelöste Berlin-Krise wurde durch die Fluchtbewegung aus der DDR weiter aufgeheizt. Seit dem niedergeschlagenen Aufstand vom 17. Juni 1953 schien die DDR über die Berliner Sektorengrenzen hinweg förmlich auszubluten. Der Vorstoß des sowjetischen Staats- und Parteichefs verstärkte diesen Exodus noch. Mit über

30 000 Flüchtlingen im Juli und fast 50 000 im August 1961 hatte er längst die Form einer Massenbewegung angenommen. Der Gegenstoß der östlichen Seite, die Errichtung einer Mauer entlang der Sektorengrenze zwischen Ost- und West-Berlin am 13. August 1961, bedeutete eine brutale Abriegelung der bisher offenen innerstädtischen Demarkationslinie und widersprach den bei Kriegsende getroffenen alliierten Regelungen für die ehemalige Reichshauptstadt.

Für Adenauer und seine Regierung war der Mauerbau eine empfindliche Niederlage. Nun war offenkundig geworden, dass die UdSSR auf die Konsolidierung ihres Herrschaftsbereichs setzte und hierbei auch Verstöße gegen alliierte Vereinbarungen nicht scheute. Zentral war für den Bundeskanzler vor allem die Frage, wie der Westen darauf reagieren und ob er seine alten deutschlandpolitischen Zusagen einhalten würde. Der neue amerikanische Präsident John F. Kennedy hatte auf den sowjetischen Druck auf Berlin in einer Fernseh- und Rundfunkansprache am 25. Juli 1961 mit seinen «Three essentials» reagiert und damit die zentralen Prinzipien der amerikanischen Berlin-Politik deutlich gemacht: das Recht der westlichen Alliierten auf militärische Präsenz in West-Berlin, ihr Recht auf freien Zugang dorthin sowie ihre Verpflichtung, die Selbstbestimmung der West-Berliner und die freie Wahl ihrer Lebensform zu gewährleisten. Ausdrücklich bezogen sich diese Zusagen auf West-Berlin, sodass allen Zuhörern deutlich werden musste, dass die Schutz- und Verteidigungsgarantien der USA an der Sektorengrenze endeten.

Die Politik Kennedys in der Berlin-Krise war für Adenauer eine große Enttäuschung, hatte dieser sich in seinen Augen doch als wenig tatkräftig und standfest erwiesen. Ohnehin war das Verhältnis zwischen den beiden Politikern von Anfang an gespannt. Kennedy hatte im US-Wahlkampf das enge Verhältnis der Eisenhower-Administration zum westdeutschen Regierungschef kritisiert und ihr vorgeworfen, sich allzu sehr von den Zielen der Bonner Regierung vereinnahmen zu lassen. Der mittlerweile 85-jährige Bundeskanzler hielt den 42-jährigen Präsidenten für politisch unerfahren, bereit, zugunsten der Koexistenz der Supermächte bisherige deutschlandpolitische Prinzipien aufzugeben oder doch zumindest auf Verhandlungsangebote der Gegenseite über diese Fragen einzugehen. In der Tat sah es eine Zeitlang so aus, als ob die USA willens seien, über Berlin und die Deutschland-Frage generell zu verhandeln. Der auf das Höchste alarmierte Kanzler ließ deshalb Andeutungen über aktuelle Gespräche zwischen den beiden Supermächten einem amerikanischen Publizisten zukommen, was zu einer schweren diplomatischen Krise zwischen Washington und Bonn führte. Zudem unternahm er selbst einen neuen Vorstoß in Richtung der sowjetischen Führung und unterbreitete ihr den Vorschlag eines auf zehn Jahre angelegten Stillhalteabkommens in der Deutschland- und Berlin-Frage, um Zugeständnisse hinsichtlich menschlicher Erleichterungen für die Deutschen in der DDR zu erreichen. Diese Offerte war – wie ähnliche zuvor – jedoch letztlich ein Eingeständnis des Bundeskanzlers, dass sein «deutschlandpolitisches Kartenhaus» (Hans-Peter Schwarz) zusammengebrochen war und nun versucht werden musste, die Bruchstücke notdürftig abzustützen. Weiterführende Aspekte eröffneten Adenauers Vorstöße nicht.

Die Irritation über die Politik der USA in der Berlin-Krise, insbesondere der Eindruck, die Regierung in Washington rücke möglicherweise von bisherigen Zusagen gegenüber der Bundesrepublik und in der deutschen Frage ab, war einer der Gründe für Adenauers Hinwendung zu Charles de Gaulle, der 1958 in Frankreich an die Macht zurückgekehrt war und gleichermaßen an der amerikanischen Verlässlichkeit zweifelte. Dabei hatte der spätere Bundeskanzler in dem Chef der Provisorischen Regierung 1945/46 und Gründer der Sammlungsbewegung *Rassemblement du Peuple Français* zunächst einen Warner vor der deutschen Gefahr und vor dem raschen Wiederaufstieg Deutschlands kennengelernt. Als de Gaulle in der Agonie der Vierten Republik an die politische Spitze Frankreichs zurückkehrte, war deshalb kaum zu erwarten, dass es zu einem engen Schulterschluss zwischen beiden Politikern kommen würde. Umso überraschender war, dass der französische Ministerpräsident wenige Wochen nach seinem Machtantritt den deutschen Kanzler zu einem Gedankenaustausch auf seinen Landsitz Colombey-les-deux-Églises einlud.

«Von großer Sorge erfüllt» reiste Adenauer, wie er in seinen Erinnerungen festhielt, Mitte September 1958 in den kleinen Ort in der Champagne. Das Gespräch drehte sich vor allem um die weltpolitische Lage und die Zukunft des europäischen Projekts. Einig waren sich beide, dass Europa sich angesichts der östlichen Bedrohung, des unsicheren Kurses der USA und der Mängel der Atlantischen Allianz einigen müsse, um sich gegenüber den beiden Supermächten zu behaupten. Mit Befriedigung nahm der deutsche Regierungschef zudem zur Kenntnis, dass sein Gegenüber der deutsch-französischen Kooperation eine zentrale Rolle für die Schaffung eines geeinten Europa zumaß. Deshalb, so die gemeinsame Überzeugung, bedürfe es ständiger Konsultationen zwischen ihren Regierungen in außenpolitischen, aber auch in anderen Fragen. Die Begegnung in Colombey-les-deux-Églises wurde so zum Ausgangspunkt einer engen politischen wie persönlichen Beziehung zwischen beiden Staatsmännern. Sie prägte die letzten Jahre der Regierungszeit Adenauers und wurde darüber hinaus zum Symbol für die Aussöhnung zwischen Deutschland und Frankreich.

Dabei war nicht zu übersehen, dass der deutsche Regierungschef und der französische Staatspräsident in entscheidenden außenpolitischen Fragen durchaus divergierende Ansichten vertraten. So hielt de Gaulle zwar am Ziel der europäischen Einigung fest, doch setzte er im Sinne eines «Europa der Vaterländer» eher auf intergouvernementale Vereinbarungen als auf supranationale Elemente. Auch innerhalb der NATO suchte er das Gewicht Frankreichs zu untermauern und Paris zum Knotenpunkt eines erstarkten europäischen Pfeilers im transatlantischen Bündnis zu machen. Aus diesem Grund widersetzte er sich dem Wunsch Großbritanniens nach Beitritt zur EWG, schien ihm doch der Inselstaat als das «trojanische Pferd» der Amerikaner zu agieren.

Für Adenauer hätte eine Einwilligung in diese Ziele in letzter Konsequenz eine deutliche Abkehr von seiner bisherigen Politik bedeutet, doch hatte sein wachsendes Misstrauen gegenüber den USA den Wunsch nach einer stärkeren Anlehnung an Frankreich geweckt. Herbert Blankenhorn, mittlerweile deutscher Botschafter in Paris und damit ein Beobachter an zentraler Stelle, vermutete in der Sorge, es könnte in Zukunft zu einer französisch-sowjetischen Verständigung und damit zu einer Änderung der französischen Deutschland-Politik kommen, das eigentliche Motiv hinter Adenauers Bemühungen um de Gaulle. In einem Gespräch mit Carlo Schmid hatte der westdeutsche Regierungschef die Unterschiede in den beiden Europa-Konzeptionen auch nicht in Abrede gestellt, aber doch die Zuversicht geäußert, dass nach einer «gaullistischen» Phase das wahre, supranationale Europa doch noch zu seinem Recht kommen werde. Für die Zwischenzeit sei aber die deutsch-französische Versöhnung und Freundschaft notwendig. «Mit de Gaulle – und wohl nur mit de Gaulle – könne das erreicht werden. Das weitere», so gab der Sozialdemokrat und engagierte Streiter für eine deutsch-französische Verständigung Adenauers Gedankengang wieder, «werde die Geschichte tun ...». Im Zeichen dieser neu begründeten deutsch-französischen Freundschaft standen auch die Staatsbesuche, die sich Adenauer und de Gaulle im Sommer 1962 gegenseitig abstatteten.

Der Bundeskanzler wurde vom französischen Staatspräsidenten in der ersten Juliwoche 1962 mit großem Zeremoniell empfangen und nahm nach Abschluss der politischen Gespräche gemeinsam mit ihm auf dem Truppenübungsplatz Mourmelon in der Champagne, der schon viele blutige Schlachten zwischen beiden Völkern gesehen hatte, eine deutsch-französische Militärparade ab. Anschließend nahmen beide Staatsmänner in der Kathedrale von Reims, der Krönungsstätte der französischen Könige, an einem Festgottesdienst teil – vor zwei mit rotem Samt bezogenen Gebetsstühlen gegenüber dem Sessel des Erzbischofs von Reims –, ein Bild, das um die Welt ging.

Der Gegenbesuch zwei Monate später verlief nicht weniger glanzvoll und wurde von de Gaulle zu einer effektvollen Inszenierung seiner Wertschätzung für «das große deutsche Volk» und für seine Vision einer «Vereinigung» zwischen Deutschland und Frankreich genutzt. Politisch drehten sich die Gespräche

Adenauer und de Gaulle beim Staatsbesuch des französischen Präsidenten in Bonn, 4.-9. September 1962

um mögliche Fortschritte im deutsch-französischen Verhältnis, insbesondere hinsichtlich einer festen Abmachung beider Staaten mit dem Ziel einer Konzertierung der Außen- und Verteidigungspolitik, aber auch zugunsten einer engeren Zusammenarbeit auf verschiedenen innenpolitischen Feldern. Wie das gemeinsame Kommuniqué betonte, wollte man «praktische Maßnahmen» ergreifen, «um die bestehenden Bande wirksam zu stärken».

In konkrete Form gegossen wurde dies mit dem deutsch-französischen Vertrag, den beide Staatsmänner am 22. Januar 1963 im Pariser Élysée-Palast unterzeichneten. Er sah regelmäßige Begegnungen und Konsultationen der Staats- und Regierungschefs beider Länder sowie die Kooperation zwischen einzelnen Ministerien und Behörden vor. Neben klassischen Feldern wie der Außen- und Verteidigungspolitik wurde auch der Bereich von Jugend und Erziehung in den Vordergrund gerückt. Durch einen Jugendaustausch und die Intensivierung der Kulturbeziehungen sollte die deutsch-französische Annäherung tief in der Bevölkerung verankert werden.

Zusätzliche Brisanz erhielt das Abkommen dadurch, dass de Gaulle wenige Tage vor dessen Unterzeichnung sein Veto gegen einen Beitritt Großbritanniens zur EWG eingelegt sowie die Entschlossenheit Frankreichs bekräftigt hatte, sein nationales Nuklearprogramm weiter voranzutreiben. Hatten schon zuvor verschiedene Stimmen in Regierung, Parlament und Öffentlichkeit den Bundeskanzler eindringlich vor einer so weit gehenden Orientierung an de Gaulle und dessen europapolitischen Vorstellungen gewarnt, so brach nun ein Sturm der Entrüstung los, der den Kern des Vertrages hinwegzufegen drohte. Nicht nur in den USA und in den westeuropäischen Hauptstädten zeigte man sich zutiefst besorgt über den Kurs der Bonner Regierung, auch in der Bundesrepublik selbst gab es massive Kritik an der, wie man meinte, Abkehr vom bisherigen Kurs transatlantischer Partnerschaft und europäischer Integration.

Vor diesem Hintergrund formierte sich im Bundestag, der den Vertrag ratifizieren musste, ein Kreis aus Regierungs- und Oppositionsabgeordneten, der entschlossen war, dem Abkommen eine Präambel voranzustellen und so die einseitige Option zugunsten Frankreichs zu korrigieren. Diese von einer breiten parlamentarischen Mehrheit gestützte Erklärung stellte den Élysée-Vertrag in die Kontinuität der westdeutschen Außenpolitik seit 1949, bekannte sich zur fortgesetzten Partnerschaft mit den USA sowie zur NATO als der entscheidenden Arena westlicher Sicherheitspolitik und sprach sich für die Fortsetzung der supranationalen europäischen Integration im EWG-Rahmen, einschließlich eines künftigen Mitglieds Großbritannien, aus.

Mit dieser Präambel war der Vertrag in den Augen de Gaulles völlig entwertet, und auch Adenauer hatte in einem zentralen außenpolitischen Projekt eine deutliche Niederlage erlitten. Wenige Monate vor dem Ende seiner Kanzlerschaft hatten ihm große Teile der Führungsspitze seiner Partei die Gefolgschaft verweigert. Der deutsch-französische Vertrag blieb so vorerst ohne konkrete Bedeutung, zumal der neue Kanzler, Ludwig Erhard, seine pro-amerikanische wie pro-britische Ausrichtung schon zuvor nie verhehlt hatte.

Dennoch greift diese Deutung zu kurz. Zunächst einmal hatte das Abkommen in vertragliche Form gegossen, was sich im Rahmen der deutsch-französischen Annäherung und Aussöhnung seit dem Ende des Zweiten Weltkriegs zwischen beiden Staaten entwickelt hatte. Darüber hinaus sollte der Vertrag für die Zukunft von erheblicher Bedeutung sein, da er eine Konsultationspraxis von einzigartiger Dichte institutionalisierte: Seien es die politischen Freundschaften zwischen Helmut Schmidt und Valéry Giscard d'Estaing oder zwischen Helmut Kohl und François Mitterrand, die in der Tradition des Élysée-Vertrags standen, sei es die Praxis regelmäßiger Beratungen auf Kabinetts- und Ministerebene, die die Politik beider Regierungen eng miteinander abstimmte, oder seien es die alltäglichen Kontakte im Rahmen von Jugendaustausch, Städtepartnerschaften oder anderen deutsch-französischen Initiativen, die die bilaterale Partnerschaft in der Bevölkerung verankerten – all dies hat Entscheidendes für den europäischen Einigungsprozess in die Wege geleitet. Somit enthält Adenauers eher trotzige Replik gegenüber seinem Sohn Paul auf der Höhe der innenpolitischen Debatte um das deutsch-französische Abkommen mehr als ein Körnchen Wahrheit: «Ich halte das Zustandekommen dieses Vertrages als (!) einen meiner größten Erfolge während der ganzen langen Zeit meines Kanzleramtes.»

Epilog

Die letzten Lebensjahre waren für Adenauer keine Zeit der Muße und des zufriedenen Rückblicks auf das Erreichte. Von einem Rückzug des im neunten Lebensjahrzehnt Stehenden in die beschauliche Idylle des Rhöndorfer Rosengartens am Hang des Siebengebirges oder in die Urlaubswochen in der Villa la Collina in Cadenabbia hoch über den Ufern des Comer Sees konnte keine Rede sein. Stattdessen zeigte er sich, wie er in einem Interview wenige Tage vor seinem Rücktritt als Bundeskanzler unterstrich, gewillt, «aus meiner Funktion als Abgeordneter heraus und mit meinem Erfahrungsschatz auch der zukünftigen Bundesregierung zur Verfügung zu stehen, wenn man es von mir wünscht. Ich möchte so auch unserem Volk nützlich sein, solange es mir vergönnt ist.» Regelmäßig nahm er an Plenarsitzungen des Bundestags sowie an Sitzungen der Unionsfraktion teil. Bis ins Frühjahr 1966 leitete er zudem die Vorstandssitzungen seiner Partei. Hinzu kamen der wiederholte Einsatz als Redner in Wahlkämpfen und der Auftritt bei Kongressen oder anderen Veranstaltungen, sodass kaum ein Tag ohne feste Vereinbarungen oder Verpflichtungen verging. Vermehrt gab es auch Interviews, in denen er nicht nur Rückschau auf sein politisches Leben hielt, sondern auch immer wieder zu aktuellen Fragen der Innen- und Außenpolitik Stellung bezog.

Hauptziel seiner Kritik war der ungeliebte Nachfolger Ludwig Erhard. Dies galt insbesondere für dessen außenpolitischen Kurs. Der Vorwurf, den Élysée-Vertrag, sein großes Vermächtnis, nicht mit Leben zu erfüllen und so das mühsam aufgebaute Vertrauensverhältnis zu Frankreich zu untergraben, stand im Kern der Kritik des Ex-Kanzlers an der neuen Regierung. Ebenso griff er Erhards Amerikapolitik an, ja, wandte sich intern wie öffentlich in teils drastischen Wertungen gegen den Kurs der Washingtoner Administration. Der Konflikt zwischen

«Atlantikern» und «Gaullisten», der schon die Auseinandersetzungen um den deutsch-französischen Vertrag bestimmt hatte, verschärfte sich noch, und Adenauer war ein aktiver Teilnehmer in diesem Streit, der sich nicht scheute, immer wieder Öl ins Feuer zu gießen.

Dennoch blieb seine Stimme letztlich ohne Wirkung, stießen die Interventionen des abgetretenen Regierungschefs in der Öffentlichkeit auf Befremden. Zwar hielten verschiedene Unionspolitiker und ehemalige Mitarbeiter weiter Kontakt zu ihm, doch blieb er von Entscheidungen und Informationen aus dem Kern der Bonner Politik letztlich ausgeschlossen. Auch der Parteivorsitz war keine Machtbasis, von der aus der Gang der Bonner Politik zu beeinflussen gewesen wäre. Die Führungszirkel der CDU blieben von den erbitterten Auseinandersetzungen, die auch die Bundespolitik bestimmten, nicht verschont, zudem ließen sich die machtbewussten Landesfürsten von ihrem Vorsitzenden nicht für dessen Zwecke instrumentalisieren. Überlegungen Adenauers und anderer, an der Spitze der Christdemokraten einen Nachfolger zu installieren, der Erhard Paroli bieten und über kurz oder lang dessen Nachfolge als Bundeskanzler übernehmen könnte, liefen immer wieder ins Leere. Eine letzte Niederlage für Adenauer war, auf dem Parteitag im März 1966 den Ungeliebten als neuen CDU-Vorsitzenden installiert zu sehen. Ihm selbst blieb nur der Ehrenvorsitz.

Eine neue Aufgabe, die Adenauer zunehmend in Anspruch nahm, war in diesen Jahren das Verfassen seiner Memoiren. Schon in den fünfziger Jahren hatte er Überlegungen angestellt, den eigenen Lebensweg nachzeichnen zu lassen und so einer breiteren Öffentlichkeit das Bild einer überzeugenden Führungspersönlichkeit zu präsentieren. Resultat dieser Erwägungen war die «autorisierte Biographie» aus der Feder des Schriftstellers Paul Weymar, die jedoch nur die Zeit bis Mitte der fünfziger Jahre behandelte. Daher entschloss sich Adenauer, die nun zu konzipierenden Lebenserinnerungen seiner Rolle als Parteipolitiker und Bundeskanzler zu widmen und später einen Band über die Jahre vor 1945 nachzuschieben. Für dieses Vorhaben ließ er nach seinen Angaben eigens einen Pavillon in

Konrad Adenauer in seinem Garten in Rhöndorf,
Oktober 1949

seinem Garten bauen, wo er sich, mit Blick über das Rheintal, der neuen Aufgabe widmen wollte. Allerdings war das Schreiben seiner Memoiren für ihn keine Hinwendung zu einem kontemplativen Rückblick auf sein Lebenswerk, sondern, wie es seine Mitarbeiterin und enge Vertraute Anneliese Poppinga beschrieb, «ein neues Instrument, Politik zu machen, für die Zukunft zu wirken».

Poppinga, die seit 1958 eine seiner Sekretärinnen gewesen war, wurde nun zu einer unentbehrlichen Stütze. Sie bereitete das Material auf, fertigte chronologische Übersichten an, besorgte fehlende Unterlagen in Kopieform aus den Bonner Ministerien und sichtete später das Material, das der umfangreiche Nachlass barg. Im Oktober 1965 konnte so der erste Band erscheinen, der die Jahre von 1945 bis 1953 behandelte, Ende 1966 der zweite Band, der von 1953 bis 1955 reichte, während der dritte Band über die Jahre 1955 bis 1959 erst kurz nach Adenauers Tod erschien. Der vierte Band über die restlichen Jahre seiner Kanzlerzeit blieb unvollendet.

Ihre Dichte und Aussagekraft erhielten die «Erinnerungen» durch ihre Unterfütterung mit Dokumenten und anderen Materialien, insbesondere aus dem außenpolitischen Bereich. Ohnehin streifte der ehemalige Kanzler innenpolitische Vorgänge nur knapp, innen- oder parteipolitische Niederlagen schon gar nicht, sondern konzentrierte sich auf außenpolitische Fragen, wo er die eigenen Absichten, Zielsetzungen und Aktionen ins rechte Licht zu rücken suchte. Diese Anreicherung mit Aktenstücken, Gesprächsprotokollen, Notizen und anderen Dokumenten ließ die Memoiren zu einem aussagekräftigen Überblick über die westdeutsche Außenpolitik dieser Jahre werden, der nicht zuletzt der Forschung wichtige Einblicke und Kenntnisse vermittelt hat.

Ein zweites Aktionsfeld zur Pflege seines Erbes waren Adenauers Auslandsreisen. War er in der Bundesrepublik nicht selten Mitstreiter und Auslöser heftiger politischer Auseinandersetzungen, so galt er im Ausland noch immer als hoch angesehener europäischer Staatsmann, als letzter Repräsentant der Gründergeneration des europäischen Projekts. Vor allem Paris war bevorzugtes Ziel solcher Reisen, wo de Gaulle ihn jedes Mal mit ausgesuchter Liebenswürdigkeit und großem Entgegenkommen empfing. Auf Initiative des Generals hin wurde Adenauer bei dem ersten dieser Besuche am 9. November 1964 als Ehrenmitglied in die *Académie des sciences morales et politiques* aufgenommen, eine Ehre, die kurz zuvor auch Winston Churchill und Dwight D. Eisenhower zuteil geworden war.

Einen besonderen Akzent setzte dann die Reise nach Israel Anfang Mai 1966. Gerade weil die Einladung an den ehemaligen Bundeskanzler im Land selbst heftig umstritten war, ließen Ben Gurion und Nahum Goldmann es sich nicht nehmen, ihn bereits am Flughafen zu begrüßen. Für Adenauer war es eine späte Anerkennung für sein Bemühen um ein Wiedergutmachungsabkommen mit Israel. «Nie», so versicherte er Journalisten am Rande dieser Reise, «habe ich geglaubt, als ich das Amt des Bundeskanzlers antrat, dass ich eines Tages zum Besuch Israels eingeladen würde». Die Einladung in das Privathaus Ben Gurions unterstrich die Bedeutung dieser Reise für die Verbesserung des so belasteten Verhältnisses zwischen Deutschen und Juden.

Seine letzte Fernreise führte ihn im Februar 1967 schließlich nach Spanien, auch dort als der große alte Mann Europas gefeiert. In einer Rede im «Ateneó» in der spanischen Hauptstadt vor über tausend prominenten Zuhörern beschwor er noch einmal die Einigung Europas, da es nur so gegenüber beiden Supermächten bestehen könne. «In unserer Epoche dreht sich das Rad der Geschichte mit ungeheurer Schnelligkeit. Wenn der politische Einfluß der europäischen Länder weiterbestehen soll, muß gehandelt werden. Wenn nicht gleich die bestmögliche Lösung erreicht werden kann, so muß man eben die zweit- oder drittbeste nehmen. Wenn nicht alle mittun, dann sollen die handeln, die dazu bereit sind ... Europa muß groß sein, muß Kraft haben, muß Einfluß haben, um seine Interessen in der Weltpolitik zur Geltung bringen zu können.»

Schon die Spanienreise hatte Adenauer wegen einer heftigen Grippeerkrankung um einige Monate verschieben müssen. Ohnehin zehrten die regelmäßigen Herbstgrippen an den Kräften des mittlerweile 90-Jährigen. Ende März 1967 erlitt er einen

Herzinfarkt; ein erster Infarkt im Januar 1962 war der Öffentlichkeit verschwiegen worden. Hinzu kam eine Bronchitis, die sich in den nächsten Wochen zu einer Lungenentzündung entwickelte. Dennoch wollte der Patient sich nicht an die verordnete strikte Bettruhe halten, sondern empfing weiterhin Besucher und diktierte Briefe. Der Gesundheitszustand verschlechterte sich, ein weiterer Infarkt schwächte ihn zusätzlich. Am 19. April 1967 um die Mittagszeit starb Konrad Adenauer in seinem Haus in Rhöndorf im Kreis seiner Familie. Ein langes, bewegtes, von bedeutsamen politischen Erfolgen begleitetes und von der Anerkennung als großer europäischer Staatsmann geprägtes Leben fand sein Ende.

Zeittafel

1876	5. Jan.	Geburt Konrad Hermann Joseph Adenauers in Köln als drittes von fünf Kindern des Sekretärs am Appellationsgericht Köln Johann Conrad Adenauer und seiner Frau Helena, geb. Scharfenberg
1882	ab April	Besuch der Knabenschule an Sankt Aposteln
1885	ab April	Besuch des Königlichen Katholischen Gymnasiums an der Apostelnkirche
1894	6. März	Abitur
	ab April	Studium der Rechtswissenschaft in Freiburg/Breisgau, München und Bonn
1897	22. Mai	Erstes juristisches Staatsexamen
1901	19. Okt.	Zweites juristisches Staatsexamen, anschließend Gerichtsassessor bei der Staatsanwaltschaft Köln sowie Vertretungsstellen bei der Staatsanwaltschaft beim Amtsgericht Köln und als Hilfsrichter beim Landgericht Köln
1904	26. Jan.	Heirat mit Emma Weyer; aus der Ehe gehen drei Kinder hervor: Konrad (geb. 21.9.1906), Max (geb. 21.9.1910), Ria (geb. 3.10.1912)
1906	7. März	Wahl zum Beigeordneten der Stadt Köln
1909	22. Juli	Wahl zum Ersten Beigeordneten und damit ersten Stellvertreter des Bürgermeisters
1916	6. Okt.	Tod der Ehefrau Emma Adenauer
1917	18. Sept.	Einstimmige Wahl Adenauers durch die Kölner Stadtverordnetenversammlung zum Bürgermeister der Stadt Köln
	29. Nov.	Anstellung zum Oberbürgermeister auf zwölf Jahre
	28. Dez	Wahl zum Mitglied des Rheinischen Provinziallandtages
1919	25. Sept.	Heirat mit Auguste (gen. Gussie) Zinsser; aus der Ehe gehen fünf Kinder hervor: Ferdinand (4.–8.6.1920), Paul (geb. 18.1.1923), Lotte (geb. 29.4.1925), Libet (geb. 17.5.1928) und Georg (geb. 25.8.1931)
1921	11. Dez.	Wahl zum Präsidenten des Preußischen Staatsrates, regelmäßige Wiederwahl
1929	17. Dez.	Wiederwahl zum Oberbürgermeister von Köln mit 49 von 96 gültigen Stimmen

1933	13. März	Entlassung aus dem Amt des Oberbürgermeisters von Köln durch die Nationalsozialisten
	26. April	Aufenthalt im Benediktinerkloster Maria Laach
	17. Juli	Entlassung aus dem Dienst der Stadt Köln
1934	30. Juni –2. Juli	Verhaftung und Inhaftierung durch die Gestapo im Zusammenhang mit dem «Röhm-Putsch»
1937		Einzug in das Haus am Zennigsweg 8a
1944	23. Aug.	Hausdurchsuchung und Verhaftung durch die Gestapo im Rahmen der Aktion «Gewitter»
	25. Sept.	Verhaftung und Einlieferung in die Strafanstalt in Brauweiler bei Köln
	26. Nov.	Entlassung aus der Strafanstalt in Brauweiler und Rückkehr nach Rhöndorf
1945	4. Mai	Wiedereinsetzung als Oberbürgermeister von Köln durch die amerikanische Militärregierung
	31. Aug.	Eintritt in die «Christlich-Demokratische Partei» (CDP) in Köln
	2. Sept.	Wahl in den Rat der Vorsitzenden der Christlich-Demokratischen Partei (CDP) des Rheinlandes
	6. Okt.	Entlassung aus dem Amt des Oberbürgermeisters von Köln
1946	22. Jan.	Wahl zum vorläufigen Vorsitzenden der CDU in der Britischen Zone in Herford
	1. März	Wahl zum Vorsitzenden der CDU der Britischen Zone in Neheim-Hüsten
	2. Okt.	Wahl zum CDU-Fraktionsvorsitzenden des Landtages von Nordrhein-Westfalen
1947	5.–6. Febr.	Teilnahme an der konstituierenden Sitzung der CDU/CSU-Arbeitsgemeinschaft in Königstein/Taunus und Wahl zum Mitglied des vorläufigen Vorstands
	14.–15. Aug.	Wiederwahl zum Parteivorsitzenden auf dem ersten Parteitag der CDU der Britischen Zone in Recklinghausen
1948	3. März	Tod von Ehefrau Gussie Adenauer
	1. Sept.	Wahl zum Präsidenten des Parlamentarischen Rates
1949	23. Mai	Verkündung des Grundgesetzes für die Bundesrepublik Deutschland
	14. Aug.	Wahl zum Abgeordneten des ersten Deutschen Bundestages im Wahlkreis Bonn
	15. Sept.	Wahl und Ernennung zum ersten Bundeskanzler der Bundesrepublik Deutschland (202 Ja-Stimmen, 142 Nein-Stimmen, 44 Enthaltungen); Bil-

		dung des ersten Kabinetts einer Koalitionsregierung aus CDU/CSU, DP und FDP
	22. Nov.	Petersberger Abkommen: Demontage-Stopp, Beitritt zur Internationalen Ruhrbehörde
1950	9. Mai	Vorschlag Robert Schumans zur Vereinigung der westeuropäischen Montanindustrie («Schuman-Plan»)
	20.–22. Okt.	Wahl zum ersten Bundesvorsitzenden auf dem ersten Bundesparteitag der CDU in Goslar
1951	15. März	Errichtung des Auswärtigen Amtes; Übernahme des Außenministeriums durch Adenauer
	18. April	Unterzeichnung des Vertrags über die Gründung der Europäischen Gemeinschaft für Kohle und Stahl (EGKS)
1952	10. März	Erste «Stalin-Note»
	26. Mai	Unterzeichnung des Vertrags über die Beziehungen der Bundesrepublik zu den Westmächten («1. Deutschlandvertrag») in Bonn
	27. Mai	Unterzeichnung des Vertrags über die Europäische Verteidigungsgemeinschaft (EVG) in Paris
	10. Sept.	Unterzeichnung des Wiedergutmachungsabkommens mit Israel
1953	1.–17. April	Erster Staatsbesuch in den Vereinigten Staaten
	7. Okt.	Wiederwahl und Ernennung zum Bundeskanzler der Bundesrepublik Deutschland (304 Ja-Stimmen, 148 Nein-Stimmen, 14 Enthaltungen); Bildung des zweiten Kabinetts einer Koalitionsregierung aus CDU/CSU, FDP, BHE und DP
1954	28. Sept. –3. Okt.	Neunmächtekonferenz in London empfiehlt Aufnahme der Bundesrepublik Deutschland in WEU und NATO
	19.–23. Okt.	Konferenz der Westmächte und der Bundesrepublik in Paris («2. Deutschlandvertrag»)
1955	5. Mai	Die Pariser Verträge treten in Kraft. Aufhebung des Besatzungsstatuts
	7. Mai/9. Mai	Beitritt der Bundesrepublik zu WEU und NATO
	8.–14. Sept.	Besuch in Moskau
1956	5. Nov.	Erster Staatsbesuch in Paris
1957	25. März	Unterzeichnung der Römischen Verträge über die Europäische Wirtschaftsgemeinschaft und die Europäische Atomgemeinschaft
	22. Okt.	Wiederwahl und Ernennung zum Bundeskanzler der Bundesrepublik Deutschland (274 Ja-Stimmen, 193 Nein-Stimmen, 9 Enthaltungen); Bil-

		dung des dritten Kabinetts einer Koalitionsregierung aus CDU/CSU und DP
1958	14./15. Sept.	Erster Besuch bei de Gaulle in Colombey-les-deux-Églises
	27. Nov.	«Berlin-Ultimatum» der Sowjetunion
1959	7. April	Nominierung zum Kandidaten für das Amt des Bundespräsidenten
	5. Juni	Rücknahme der Kandidatur
1961	13. Aug.	Beginn der Errichtung der Berliner Mauer durch das SED-Regime
	7. Nov.	Wiederwahl und Ernennung zum Bundeskanzler der Bundesrepublik Deutschland (258 Ja-Stimmen, 206 Nein-Stimmen, 26 Enthaltungen); Bildung des vierten Kabinetts einer Koalitionsregierung aus CDU/CSU und FDP
1962	2.–8. Juli	Staatsbesuch in Frankreich
	4.–9. Sept.	Staatsbesuch de Gaulles in der Bundesrepublik Deutschland
	26. Okt.	Beginn der «Spiegel»-Affäre
	7. Dez.	Bekanntgabe des Entschlusses zum Rücktritt als Bundeskanzler im Herbst 1963
1963	22. Jan.	Unterzeichnung des Vertrags über die deutsch-französische Zusammenarbeit
	16. Sept.	Abschiedsbesuch in Rom
	21. Sept.	Abschiedsbesuch in Paris
	15. Okt.	Rücktritt vom Amt des Bundeskanzlers
1964	16. März	Wiederwahl zum Bundesvorsitzenden der CDU
	9. Nov.	Adenauer wird von de Gaulle in Paris empfangen.
1965	19. Sept.	Wiederwahl zum Mitglied des Deutschen Bundestages
1966	23. März	Besuch in Paris
	2. Mai	Reise nach Israel
1967	14. Febr.	Besuch in Spanien
	20. Febr.	Besuch in Paris
	19. April	Tod Konrad Adenauers in seinem Wohnhaus in Rhöndorf

Literaturhinweise

Schriften von Konrad Adenauer

Erinnerungen 1945–1953, Stuttgart 1965
Erinnerungen 1953–1955, Stuttgart 1966
Erinnerungen 1955–1959, Stuttgart 1967
Erinnerungen 1959–1963. Fragmente, Stuttgart 1968
Reden 1917–1967. Eine Auswahl, Stuttgart 1975
Briefe 1945–1947, Berlin 1983
Briefe 1947–1949, Berlin 1984
Briefe 1949–1951, Berlin 1985
Briefe 1951–1953, Berlin 1987
Briefe 1953–1955, Berlin 1995
Briefe 1955–1957, Berlin 1998
Briefe 1957–1959, Paderborn 2000
Briefe 1959–1961, Paderborn 2004
Briefe 1961–1963, Paderborn 2006
Die letzten Lebensjahre 1963–1967. Briefe und Aufzeichnungen, Gespräche, Interviews und Reden, 2 Bde., Paderborn 2009
Teegespräche 1950–1954, Berlin 1985
Teegespräche 1955–1958, Berlin 1986
Teegespräche 1958–1961, Berlin 1988
Teegespräche 1961–1963, Berlin 1992
Freundschaft in schwerer Zeit. Die Briefe Konrad Adenauers an Dora Pferdmenges 1933–1949, Bonn 2007

Biografien und Sammelwerke

Blumenwitz, Dieter u. a. (Hg.): Konrad Adenauer und seine Zeit, 2 Bde., Stuttgart 1976
Köhler, Henning: Konrad Adenauer, Frankfurt a. M. 1994
Kohl, Helmut (Hg.): Konrad Adenauer 1876/1967, Stuttgart, 2., erw. Aufl. 1976
Mensing, Hans Peter: Aus Adenauers Nachlass. Beiträge zur Biographie und Politik des Ersten Bundeskanzlers, Köln 2007
Osterheld, Horst: Konrad Adenauer, Stuttgart 1987
Poppinga, Anneliese: Meine Erinnerungen an Konrad Adenauer, Stuttgart 1970
Schulz, Günther (Hg.): Konrad Adenauer 1917–1933. Dokumente aus den Kölner Jahren, Köln 2007
Schwarz, Hans-Peter: Anmerkungen zu Adenauer, München 2004

–: Adenauer. Der Aufstieg 1876–1932; Der Staatsmann 1931–1967, Stuttgart 1986–1991

Stehkämper, Hugo (Hg.): Konrad Adenauer. Oberbürgermeister von Köln, Köln 1976

Weymar, Paul: Konrad Adenauer. Die autorisierte Biographie, München 1955

Allgemeine Darstellungen

Bösch, Frank: Die Adenauer-CDU. Gründung, Aufstieg und Krise einer Erfolgspartei 1945–1969, Stuttgart/München 2001

Conze, Eckart: Die Suche nach Sicherheit. Eine Geschichte der Bundesrepublik Deutschland von 1949 bis in die Gegenwart, München 2009

Görtemaker, Manfred: Geschichte der Bundesrepublik Deutschland, München 1999

Hacke, Christian: Die Außenpolitik der Bundesrepublik Deutschland. Weltmacht wider Willen?, Frankfurt a. M./Berlin 1993

Kielmansegg, Peter Graf: Nach der Katastrophe. Eine Geschichte des geteilten Deutschland, Berlin 2000

Kleinmann, Hans-Otto: Geschichte der CDU 1945–1982, Stuttgart 1993

Morsey, Rudolf: Die Bundesrepublik Deutschland. Entstehung und Entwicklung bis 1969, 5., überarb. u. erw. Aufl., München 2007

Wolfrum, Edgar: Die geglückte Demokratie. Geschichte der Bundesrepublik Deutschland von ihren Anfängen bis zur Gegenwart, Stuttgart 2006

Bildnachweis

Seite 12, 23, 24: Foto: Stiftung Bundeskanzler-Adenauer-Haus – *Seite 27:* © SZ Photo – *Seite 45:* Foto: Konrad-Adenauer-Stiftung e. V., Archiv für Christlich-Demokratische Politik, Plakatsammlung – *Seite 49:* © SZ Photo – *Seite 51:* © dpa/picture alliance – *Seite 61:* © bpk/P. Bouserath – *Seite 73:* © akg-images/picture alliance – *Seite 93:* © bpk/Hanns Hubmann – *Seite 99:* © ullstein bild – BPA – *Seite 111:* Foto: Walter Gruhl, Bonn

Personenregister

Nicht aufgenommen wurde der Name Konrad Adenauer.

Das Adenauerhaus in Rhöndorf um 1950: Weihnachten 1937 war das Haus der Familie Adenauer am Zennigsweg 8a – hoch über dem Rheintal gelegen – bezugsfertig. Konrad Adenauer lebte hier dreißig Jahre lang bis zu seinem Tod 1967. Die Räumlichkeiten sind bis heute original erhalten und können täglich außer Montag besucht werden. Daneben lässt eine Dauerausstellung Adenauers langes politisches wie auch privates Leben lebendig werden. Die Stiftung Bundeskanzler-Adenauer-Haus verwaltet mit der Politikergedenkstätte auch den Nachlass Konrad Adenauers und leistet mit wissenschaftlichen Tagungen und Editionen einen Beitrag zur historischen Forschung.